JN157498

人気の和食
「麺・めん料理」大全
そば・うどん・そうめん・創作めん料理

鶴林 美味旬菜
吉田靖彦 著

人気の和食「麺・めん料理」大全　目次

人気のめん料理

めん料理バリエーション

冷たいそば・うどん

温かいそば・うどん

そうめん

創作めん料理

楽しいめん料理

おいしい鍋物・一品料理

だし・つゆ・たれ便利帳

多彩な味わいでめん料理を楽しく

吉田　靖彦

めん料理はのどごしがよく、季節ごとに多彩な味わいがあり、あきのこないおいしさが喜ばれます。手軽に調えることができ、子供から年配の方まで幅広い年齢層に向くのも魅力で日常の食生活に欠かせないものです。そば、うどん、そうめんといった分類のみならず、うどんでいえば「稲庭うどん」や「讃岐うどん」など、土地土地で個性的な種類の麺があり、郷土色豊かなめん料理が楽しまれています。また、今ではラーメンも含めて地方ごとに自慢のめん料理が増え、いっそう豊かなバリエーションを楽しむことができます。

しっかりめにだしを引き、風味を活かす味加減に

和風のめん料理は、伝統的で身近なものだけに〝だし〟や〝つゆ〟には慣れ親しんだ好みの味わいがあります。よくいわれるように関東と関西とでは、好みに違いがあ

りますが、これは味だけでなく、だしの加減や色の濃淡なども密接に関わったものです。例えば、関西で「かけうどん」といえば色の淡いものが好まれますし、関東で「そばつゆ」といえば色濃く調えたものを連想する方が多いようです。これは料理全般の嗜好にも結びつくことで、土地ごとの食文化あってのものといえます。

和風のめん料理では、まずしっかりしただしを引くことがポイントとなります。昆布とカツオ節のだしに、ムロ節やサバ節などの節類、煮干しなどを併せて用いるとよく、めん類の旨みを引きたてます。調味は好みもありますが、だしの風味を活かして、バランスよく味を調えることがポイントです。

季節感もある味わい豊かなめん料理を

本書では、そば、うどん、そうめんに代表される和風のめん料理を主に、ラーメンや焼きそばなどの中華風のめん、さらにはパスタや韓国風のめん料理なども紹介しています。いずれも食事に合うだけでなく、酒の肴としても喜ばれるよう工夫したもので、四季折々でより多彩なめん料理を楽しんで頂こうというものです。

めん料理はそれぞれ専門店もあり、麺のうち方やだしの引き方などこだわりの箇所も随所にありますが、市販の麺や身近なだしの材料を用いて、バラエティ豊かなめん料理を味わいよく楽しんで頂ければと思います。

本書をお読みになる前に

めんについて

■材料欄に表示の〝めん〟は応用できるものが多くあります。茶そば、ワカメそば、よもぎそばなどの変わりそばは普通のそばで、また、細うどん、冷凍うどんなどの場合も、好みのうどんで同様に調理できる場合がほとんどです。そば、うどんに共通の種物やめん料理もありますので、適宜応用下さい。

■めんの茹で方、時間は、商品ごとの表記に従って下さい。めんを茹でるタイミングにつきましては、料理の作り方を通してお読みの上、具や汁など、ほかの調理との兼ね合いを測った上で茹でることをおすすめします。

分量、材料について

■材料の計量単位は、1カップは200㎖、大さじは15㎖、小さじ1は5㎖です。

■材料の分量表記中「適量」とある場合、材料の状況や好みに応じてほどよい分量をお使い下さい。なお、材料の大きさは、特に表示がない限り、標準的な大きさのものをご用意下さい。

■酒とみりんは、調理法によっては、適宜煮きってアルコール分をとばしてからご使用下さい。

用語について

■魚のおろし方について「おろし身」、「上身」とあるものは、魚をおろしたあと、腹骨や小骨を除いたものをいいます。上身はさらにおろし身の皮を引いたものをいう場合もあります。

■「立て塩」とは、海水程度の塩水のこと。魚介類や野菜の下ごしらえに使います。

■「塩みがき」とは、胡瓜やオクラなどの野菜に塩をまぶしてこすること。いぼや産毛を除き、鮮やかな色を出すための下ごしらえのひとつ。

人気のめん料理

めん料理は四季折々に多彩な味わいがあり、簡便にもご馳走にも仕立てられ、また食事だけでなく、酒の肴にも格好という魅力を備えている。旬の食材を上手に使い、味わいや盛りつけに工夫すれば、おいしさも楽しさも広がる。

のどごしも味わいも楽しいそば料理

オクラとろろそば

冷たいつゆをはって供するそば料理で〝温度卵〟と〝オクラとろろ〟の微妙な食感の違いが魅力。オクラは色よく茹でたのち、めんつゆとともにミキサーにかけ、とろとうの加減に。特有の青臭さもなく、幅広いめんに合います。

＊作り方は146頁

＊作り方は146頁

繊細な口当たりで
女性好みのひと品

千草サラダ

大根、胡瓜、セロリ、人参、南瓜、長芋の六種の彩り野菜と錦糸卵をごくごく細いせん切りにして、茶そばとともにごまだれですすめます。ごまだれはドレッシング仕立てとし、野菜もめんもおいしく味わえるよう調えます。

黄柚子の香気が
カキの旨みを引きたてて

カキ みぞれそば

カキが旬の時季におすすめのひと品です。カキはかけだしで温めますが、身が丸くふくれたら、素早く大根おろしでみぞれとし、片栗粉でゆるくとろみをつけます。ねぎ、三つ葉、黄柚子の薬味で香り高く、味よくまとめます。

＊作り方は147頁

春の訪れを伝える
季節感いっぱいのそば

白魚そば

春を告げる種物として人気の高い品。シラウオは、繊細な味わいを活かすよう、酒と塩をして、強火でさっと蒸し上げて用います。鮮やかな緑色に塩茹でした菜の花と香りの針柚子をあしらって、季節の味覚を楽しんで頂きます。

＊作り方は147頁

胡麻豆腐が隠し味の
なめらかでコクのある湯葉あん

湯葉うどん

温めた稲庭うどんに、なめらかな口当たりの汲み上げ湯葉をのせ、ウニ、三つ葉、針海苔を天盛りに風味よくすすめます。汲み上げ湯葉に、くずした胡麻豆腐を少量混ぜるのがポイントで、上品なコクが加わります。

＊作り方は147頁

＊作り方は147頁

根菜の旨みが
じんわりと広がって
素朴さが魅力の一品

田舎味噌煮込み

打ちたてのうどんを根菜や鶏肉と一緒に煮込んだ、懐かしみを感じる一品。〝ほうとう〟や〝お切りこみ〟などの郷土食同様、手打ちうどんと野菜とを煮込むと、いろんな旨みが合わさり、素朴ながら独特の味わいで喜ばれます。

こっくり味の肉味噌で食がすすむ

和風肉味噌そば

やや濃厚で、コクがある肉味噌に、しゃきしゃきの胡瓜ともやしを添えて楽しい食べ味に。肉味噌は、豚肉と椎茸、筍、香味野菜を炒めたところに、練り味噌と鶏のスープを加えて味わいを深めます。ナッツを散らして、歯応えよくすすめます。

＊作り方は148頁

タコと胡瓜を
ぴり辛で甘酸っぱい
コチュジャンたれで

韓国風和えめん

韓国のビビン冷麺をアレンジしたもので、相性のいいタコと胡瓜を具に使いました。コチュジャン風味のたれは、白味噌を多めに配合しますが、酢とレモン果汁ですっきりとまとめるのがポイント。複合的な旨みで喜ばれます。

＊作り方は148頁

＊作り方は149頁

和風のつゆであっさりとすすめる

和風つけめん

つゆは、焼きあご主体のだしに、昆布の旨みや鶏ガラスープを隠し味として加えたもので、幅広い年齢層に向く味わい。エビ、半熟卵、椎茸、絹さやを色味よく添えて、小ぶりのお碗ですすめると、酒席のしめくくりにも格好となります。

＊作り方は149頁

ねぎと生姜の風味で
味わい豊かに

葱油めん

茹でたそうめんに、ねぎと生姜をのせ、熱した油をじゅっと回しかけたら、ナンプラー風味のたれで和えます。ここではシンプルな仕立てですが、揚げた干し貝柱や桜エビを添えると、旨みがぐんと増します。

＊作り方は149頁

キャベツの甘みが味をまとめて

春キャベツの焼きうどん

食事にも酒の肴にも喜ばれる焼きうどん。ざく切りの野菜と豚肉とで気取りなく仕上げましたが、柔らかで甘みのあるキャベツを使うと、ひと味違うおいしさに。味つけは、醤油味でもソース味でもお好みで。

＊作り方は150頁

句の地野菜で工夫すると楽しく

水菜のあんかけそば

京野菜の水菜を使った和風の焼きそば。水菜はしゃきっとした歯触りが身上ですが、すぐに火が通りますから段取りよくあんを仕上げます。青菜類は身近な地のもので工夫すると、親しみのわく一品となります。

スープにもハマグリの旨みがたっぷり

ハマグリと菜の花のスープパスタ

ハマグリの旨みたっぷりの〝潮だし〟に少しほろ苦い菜の花を彩りよく添えた春らしい味わいのスープパスタ。だしには昆布も使い、旨みを深めています。ハマグリの口が開いたらすぐ調味し、身がぷっくりのところをすすめます。

＊作り方は150頁

ワインにも
お酒にも合う絶妙の味

ホタルイカとそら豆のパスタ

ホタルイカ、そら豆、筍と、春が旬の素材を取り合わせて、ニンニクと鷹のツメの風味をきかせた塩味のパスタ。仕上げにふるカラスミが味の決めてで、具の持ち味が引き立つだけでなく、一体感も生まれます。ワインやビールだけでなく、日本酒もすすむ小粋な味わい。

＊作り方は150頁

そばの多彩な
魅力を献立に

そばミニ会席

会席料理のコース立てをやや簡略にしたもので品数は少なめですが、そばの魅力を打ち立てた内容で充足感があります。先付けにはマグロと焼きアナゴが芯の「二色そば寿司」を用意、椀物は「そば茶巾　白味噌仕立て」。そば茶巾は、そば粉におろし蓮根を合わせて練ったもの。向付けは「鮮魚の盛り合わせ」、続いて「甘鯛の信州蒸し」、そして食事には「そば米雑炊」で後味よく。食後の抹茶に、そば粉で作る菓子を添えれば、より印象が深まります。

＊作り方は151頁

酒の席にも喜ばれる
取り合わせに

うどん点心

昼だけでなく、夜の会食にも好適な「うどん点心」の例。大皿に酒のすすむ料理を盛り合わせますが、お造りを別器で供し、満足感を高めます。大皿の料理は、「鮎の塩焼き」、「鴨ロース煮」、煮物は「イイダコ、筍。長芋、車エビ、タイの真子と白子」。サザエを模した器には「筍の木の芽和え」、さらに「エビとそら豆のかき揚げ」と、季節の美味を一皿に取り合わせました。仕上げの「釜揚げうどん」はあっさりとほどよい量をすすめます。

＊作り方は152頁

めん料理バリエーション

めんの料理は、そば、うどん、パスタ、中華麺…など、「麺」の種類が豊富な上、具や味つけの変化で、毎日でも食べあきない楽しさがある。個性豊かなめん料理を紹介しよう。

五色さぬきうどん

- かき揚げうどん
- 黄身おろしうどん
- 湯葉とオクラのとろろうどん
- 山かけうどん
- 温度卵うどん

五種の食べ味で贅沢にすすめるさぬきうどんの取り合わせて、グループ客にも喜ばれます。山かけや温度卵、黄身おろしなど身近なものばかりですが、トッピングの工夫で楽しさが拡がります。

＊作り方は153頁

ねばねばスタミナうどん

オクラにとろろ芋、なめこ、ワカメなど、つるりとした口当たりを揃えて、豚しゃぶを盛り合わせた、ボリュームたっぷりの一品です。うどんの量を少し控えめにすると、酒の肴としてお出しできます。

材　料（1人前）

細うどん（乾麺）…80g
豚肉（しゃぶしゃぶ用）…30g
オクラ…2本
なめこ…30g
ワカメ（戻したもの）…20g
長芋…40g
イクラ…大さじ1
花カツオ…ひとつまみ
柚子…少々
◆うどん用のかけつゆ（31頁参照）…100㎖

作り方

1 豚肉は熱湯で茹でて冷水に取り、水分をきる。
2 オクラはそうじをして塩みがきし、茹でて冷水に取り、5㎜厚さの小口切りにする。なめこはザルに入れてぬめりを取り、さっと茹でる。ワカメは戻したものを用意し、食べよい大きさに切る。長芋は皮をむいて酢水につけてアクをとめ、水洗いしてから5㎜角に切る。
3 細うどんは表示の時間通り茹で、冷水で洗い、水分をきる。
4 器にうどんを盛り、*1*と*2*を彩りよく盛り、イクラ、花カツオを天盛りにしてかけつゆを注ぎ、ふり柚子をする。

冷たいそば・うどん

冷たいそば・うどん

しゃぶしゃぶうどん

しゃぶしゃぶの材料とうどんとを大皿に盛り込み、にぎやかに取り分けていただく趣向です。さっぱりしためんつゆと、コクのあるごまだれで茹で野菜もおいしく味わえます。

材料（1人前）

細うどん（乾麺）…80g
牛肉（しゃぶしゃぶ用）…50g
生椎茸…1枚
長ねぎ…1/5本
えのき茸…1/5袋
赤・黄ピーマン…各少々
ブロッコリー…少々
サニーレタス…2枚
◆うどん用のつけつゆ
（P122参照）…適量
◆コクのあるごまだれ
（P138参照）…適量

作り方

1 牛肉はさっと湯に通し、冷水に取って水分をきる。

2 生椎茸は飾り包丁を入れて茹で、長ねぎは笹切りにして茹でる。えのき茸は石づきを取って茹で、赤黄ピーマンは短冊切りにして茹で、それぞれ冷水に取り、水分をきる。ブロッコリーは塩茹でし、冷水に取って水分をきる。

3 細うどんは表示の時間通り茹で、手早く冷水で洗い、水分をきる。

4 器にサニーレタスを敷いてうどんを盛り、*1*の牛肉、*2*の野菜を盛る。

覚書き

ごまだれは、味噌やおろし王ねぎ、リンゴなどを混ぜて作る。コクがあり、肉類によく合う。

冷たいそば・うどん

しっぽく山かけそば

きざみわさびの醤油漬けを添え、ピリリとした辛みをアクセントにした山かけそばです。冷たく冷やしても合いますが、ここでは、ぬるめの温度に整え、意外性のある一品に。

材　料（1人前）

茶そば（乾麺）…70g
山芋…80g
なめこ…30g
きざみわさび醤油漬け（市販品）…10g
針海苔…少々
◆そば用のかけつゆ
（P123参照）…100㎖

作り方

1 茶そばは表示通りに茹で、冷水に取って洗い、水分を切る。

2 山芋は皮をむいて酢水につけ、アクをとめたのち、すり鉢ですりおろし、さらにあたる。なめこはぬめりを取ってさっと茹でる。おろした山芋となめこを合わせ、温めたかけつゆを加えて混ぜる。

3 器に湿めたかけつゆを通した*1*のそばを盛り、*2*をかけ、きざみわさび醤油漬けと針海苔を天盛りにする。

1 酢水にさらしてアクをとめた山芋をすり鉢の縁ですりおろす。

2 さらにていねいにあたって、なめらかなとろろ芋を作る。

冷たいそば・うどん

天おろしそば

大根おろしとなめこをのせたさっぱりそばで、別に添えた天ぷらもおいしく食べていただけます。天ぷらは季節の魚介や山菜を盛り込むと、魅力アップ。

材　料（1人前）

茶そば（乾麺）…80g
なめこ…30g
大根おろし…120g
白ねぎ…少々
天ぷら…アナゴ1/2尾、車エビ1尾、ハモ20g、茄子1/8本、青唐辛子1本、生椎茸1枚、茗荷1/2本、大葉1枚
◆そば用のかけつゆ（123頁参照）…100ml

作り方

1 茶そばは表示通り茹でて冷水で洗い、水分をきる。
2 器に茶そばを盛り、軽く汁気をきった大根おろしとさっと茹でたなめこを盛り、さらしねぎを天盛りにする。彩りよく盛った天ぷらとつけつゆを添える。

覚書き

天ぷらは冷水1カップと卵黄1/2個分を合わせ、薄力粉1カップを混ぜた天ぷら衣で揚げたもの。魚介は打ち粉をしたのち、衣をつける。

＊作り方は154頁

海鮮山かけそば

出かけそばも、トロやボタンエビ、アオリイカなど、生の魚介を贅沢にのせると、高級感あふれる一品になります。抹茶そばなど変わりそばで、趣きが変わります。

＊作り方は154頁

納豆山かけそば

きざんだ納豆を山かけにのせただけの素朴さが人気。風味の強い、野趣みのあるそばと合わせると、バランスよく仕上がります。

茶そばサラダ

茶そばの上に魚介と野菜を盛り込んだ、サラダメニュー。そばは、少し長めに茹でてやわらかくすると、サラダのほかの材料とのなじみがよくなります。魚介にも野菜にもむくドレッシング感覚のごまだれを添えて。

材料（1人前）

茶そば（乾麺）…80g
車エビ（30g程度）…1尾
ウナギたれ焼き…20g
ホタテ貝柱…1個
イクラ…10g
サラダ菜…5枚
胡瓜…1/5本
トマト…1/4個
スプラウト…1/3把
錦糸卵…1/2個分
ラディッシュ…1/2個
◆サラダ用ごまだれ（138頁参照）…80㎖

作り方

1 茶そばは表示の時間よりやや長く、たっぷりの湯で茹で、冷水に取って手早く洗い、ザルに上げて水分をきる。
2 車エビは背ワタを取ってのし串を打ち、塩茹でしてザルに上げる。
3 ホタテ貝柱は酒炒りして冷まし、2枚にそぐ。ウナギはたれ焼きにしたものを用意し、そぎ切りにする。
4 器にサラダ菜を敷いてそばを盛り、車エビとホタテ貝柱、ウナギ、イクラ、斜め切りにした胡瓜、トマト、スプラウト、錦糸卵を彩りよく盛り、サラダ用のごまだれをかけ、へぎラディッシュをあしらう。

覚書き

ここで使用するごまだれは、基本のごまだれにフレンチドレッシングとマヨネーズを加えてさっぱりとさせた、ドレッシング感覚のもの。

サラダ用ごまだれ

冷たいそば・うどん

山菜そば

タラの芽、こごみ、うるい、山うど、筍、菜の花など、ほろ苦い山菜の味わいは春の季節ならではのもの。よもぎ風味のそばとともにひと皿に盛り、山菜の味を引き立てる、コクのあるごまだれで。

材　料（1人前）

よもぎそば（乾麺）…80g
菜の花…3本
茹で筍…20g
タラの芽…3本
山うど…30g
うるい・こごみ…各2本
錦糸卵…少々
百合根…3枚

◆ごまだれ
つけつゆ（122頁参照）…100㎖
煎りごま（白）…大さじ1 1/2
練りごま（白）…大さじ1
砂糖…小さじ2/3

作り方

1 菜の花は塩茹でして冷水に取り、水分をきる。茹で筍は2cm厚さに切る。タラの芽とこごみはそれぞれそうじして、湯に炭酸少々と塩を入れて茹で、冷水に取って水分をきる。山うどは4cm長さの拍子木切りにし、酢水に漬けたのち、湯に酢少々を入れて茹で、水にさらす。うるいは塩茹でして冷水に取り、水分をきって4cm長さに切り揃える。

2 よもぎそばは輪ゴムで束ね、表示の時間通りに茹で、冷水に取って手早く洗い、水分をきる。

3 器にそばと*1*の山菜、錦糸卵を盛り、花弁にむいた百合根を散らし、ごまだれを添える。

涼風葛めん

細めの葛きりで涼やかに仕立てた夏向きのひと品。風味のよいごまだれが食をすすめます。上にのせたウニは片栗粉を打って茹でて、口当たりよく。胡瓜やトマトなど、夏らしい生野菜を添えます。

材料（1人前）

葛きり…120g
車エビ（30g程度）…1尾
生ウニ…15g
大葉…1枚
胡瓜…40g
茗荷…1/3本
トマト…1/8個
椎茸の万年煮（149頁参照）…適量
柚子…少々
◆ごまだれ（138頁参照）…80㎖

作り方

1 葛きりは表示の通り茹でたのち、冷水で洗い、水分をきる。
2 車エビは背ワタを取り、塩茹でする。
3 生ウニは片栗粉をつけ、湯に通して冷水に落とす。
4 器に氷を入れて葛きりを盛り、大葉をのせて車エビと生ウニ、薄切りにした胡瓜と茗荷、くし形に切ったトマト、椎茸の万年煮を盛り、ふり柚子をする。別にごまだれを添える。

温かいそば・うどん

穴子あんかけそば

香ばしく焼いた穴子のたれ焼きと味を含めた大徳寺麩をタネにした満足感の高いひと品。かけだしにとろみをつけてあんにすると冷めにくく、めんとのからみもよくなります。おろし生姜で味を引きしめます。

材料（1人前）

ワカメそば（乾麺）…80g
アナゴ（開いたもの）…1尾
焼きだれ（濃口醤油1、酒1、みりん0.5の割合で合わせたもの）…適量
大徳寺麩…1枚
わけぎ…2本
おろし生姜…少々
◆かけだし（128頁参照）…400㎖
水溶き片栗粉…大さじ4

作り方

1 ワカメそばは表示通りに茹でて水洗いし、水分をきる。
2 アナゴは皮目のぬめりを取り、天火で皮目から両面を焼き、焼きだれを2～3回ぬって焼き上げる。
3 大徳寺麩は油抜きをして、かけだしで煮含める。
4 わけぎは斜め細切りにし、水にさらす。
5 器を温め、かけだしを通して温めたそばを盛り、2～4を彩りよく並べ、水溶き片栗粉を加えてとろみをつけたかけだしを張り、おろし生姜、わけぎを天盛りにする。

アナゴは開いたものを白焼きにしたのち、焼きだれをぬって焼き上げる。

温かいそば・うどん

アサリと花わさびそば

アサリのだしが溶け込んだ味わい豊かなかけだしと、花わさびの辛みが魅力です。アサリは身もおいしくするため、殻が開いたら一度取り出し、煮すぎないようにします。大根おろしを加えてさっぱりと仕上げます。

材料（1人前）

そば（乾麺）…100g
アサリ（大）…8個
花わさび…5本
茹で筍…40g
◆かけだし（128頁参照）…400㎖
大根おろし…50g
水溶き片栗粉…大さじ2

花わさびは清々しい辛みと香りが特長。熱湯をかけて辛みを引き出してから用いる。

作り方

1 アサリは海水よりやや薄めの塩水につけ、砂を吐かせる。
2 花わさびは辛みを引き出したものを用意し、4㎝長さに切る。
3 そばは表示通り茹でて冷水で洗い、水分をきる。
4 鍋にかけだしとアサリを入れて火にかけ、口が開いたらアサリを取り出し、薄切りにした茹で筍、よく水分をきった大根おろしを加え、水溶き片栗粉を引く。ここへアサリと花わさびを入れ、温まったら火を止める。
5 温めておいた器に、かけだしを通して温めたそばを盛り、4の具と汁をかける。

覚書き

花わさびの辛みを引き出す方法は、花わさびを水洗いして密閉容器に入れ、熱湯を注いで2分ほど蓋をする。この湯を捨ててから、再度蓋をして冷めるまで置く。ひと晩このままにしておくといっそう辛みが引き出される。

きつねうどん

甘辛く炊いた油揚げをのせたきつねうどんは、定番ながら人気の高いうどんメニューです。油揚げは味がしっかりと含まるよう、ていねいに油抜きし、じっくりと炊き上げます。

温かいそば・うどん

材料（1人前）

冷凍うどん…200g
油揚げ（炊いたもの）…1枚
焼きかまぼこ…1枚
白ねぎ…20g
柚子…少々
◆かけだし（128頁参照）
…400㎖

作り方

1 冷凍うどんは2～3分茹でて水分をきる。

2 焼きかまぼこは薄めのそぎ切りにする。

3 白ねぎは小口切りにし、水にさらす。

4 器を温め、かけだしで温めたうどんを盛り、炊いた油揚げとかまぼこ、白ねぎを盛り、へぎ柚子を添える。

油揚げの炊き方

材料

油揚げ…20枚
みりん…50㎖
一番だし…8カップ
淡口醤油…150㎖
砂糖（黄ザラ）…160g
昆布…30g

1 鍋にたっぷりの湯を沸かして油揚げを入れ、落し蓋をして湯を回す。

2 2～3度湯を換えて茹でこぼし、油抜きしたらザルに上げる。

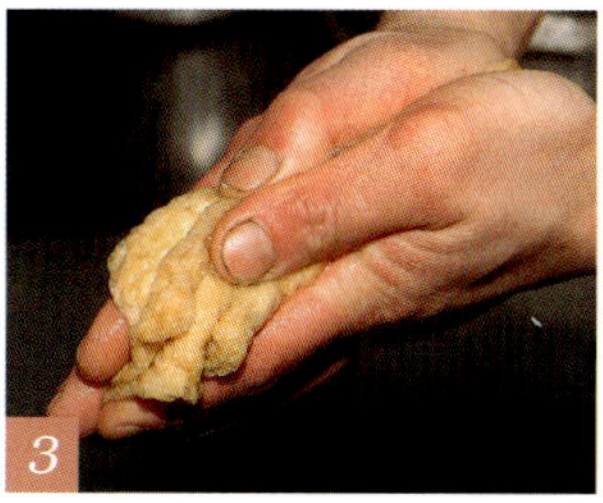
3 調味料の味がよく含まるよう、水分を十分にきる。

4 一番だしと調味料、昆布を合わせて火にかけ、油揚げを並べる。

5 落とし蓋をして約1時間ほど弱火でじっくり炊き、火からおろす。

6 冷ましてから再び弱火て1時間ほど炊き、味を含ませる。

和風カレーうどん

だしの風味が利いたカレーうどんは、根強い人気があります。かけだしをベースに市販のカレールーを活用しますが、カレー粉でスパイシーさをプラスし、ウスターソースと醤油を味のアクセントに。薄切りの豚肉や鶏もも肉でもおいしい。

材料（1人前）

冷凍うどん…200g
牛肉（薄切り）…80g
油揚げ…1/2枚
玉ねぎ…1/4個
わけぎ…2本

◆カレーうどんだし
かけだし（128頁参照）
…400㎖
カレー粉…小さじ1/4
カレールー…30g
濃口醤油…小さじ1
みりん…小さじ2
ウスターソース…小さじ1
水溶き片栗粉…大さじ1

作り方

1 冷凍うどんは約2分茹でて戻し、水分をきる。
2 牛肉は食べよい大きさに切る。油揚げは油抜きをして短冊切りにする。玉ねぎは3㎝幅の薄切りにする。わけぎは4㎝長さの斜め切りにする。
3 鍋にかけだしを入れて火にかけ、玉ねぎ、牛肉、油揚げ、わけぎの順に入れて煮込み、カレーうどんだしの調味料を加えて煮込み、水溶き片栗粉でとろみをつける。
4 温めておいた器にうどんを盛り、*3*をかける。

温かいそば・うどん

鶏親子うどん

のど越しのよい稲庭うどんを、ふんわりとした卵のかけだしですすめます。生姜と味噌で味をつけたつくね団子と鶏肉をのせ、親子煮の楽しさも味わっていただけます。

材料（1人前）

稲庭うどん（乾麺）…80g
鶏胸肉…50g
つくね団子
鶏挽き肉…50g
おろし山芋…5g
田舎味噌…3g
酒…小さじ1
生姜汁・きざみねぎ…各少々
なめこ…20g
三つ葉…4本
◆かけだし（128頁参照）…400㎖
卵…1 1/2個
水溶き片栗粉…大さじ1/2

作り方

1 鶏胸肉はそぎ切りにし、酒、塩を軽くふって10分ほどおいてから、熱湯をかけて霧ふりし、かけだしでさっと煮る。

2 つくね団子を作る。すり鉢に鶏挽き肉を入れ、すりおろした山芋と調味料を加えてよくすり混ぜる。さらに生姜汁ときざみねぎを入れて混ぜ、丸く取って湯に落としてザルに上げる。

3 なめこはぬめりを取ってさっと茹でる。三つ葉は3㎝長さに切り揃える。

4 稲庭うどんは表示の時間より1分ほど短く茹で、冷水に取ってもみ洗いし、水分をきる。

5 器を温め、かけだしで温めた稲庭うどんを盛る。かけだしを鍋に沸かし、よくかき混ぜた溶き卵に水溶き片栗粉を加えて流し入れ、とろとろになってきたら素早くうどんにかける。鶏肉とつくね団子をのせ、なめこと三つ葉を添える。

若筍うどん

筍と若布は、春には欠くことのできない取り合わせ。筍は特有の風味を活かすよう、薄味の八方だしで上品に炊き、木の芽の香りを添えて供します。

材料（1人前）

細うどん（乾麺）…100g
茹で筍（小）…1個
八方だし（だし12、酒3、淡口醤油1、みりん1/4、塩少々の割合で合わせたもの）…適量
ワカメ（戻したもの）…80g
木の芽…5枚
◆かけだし（128頁参照）…400mℓ

作り方

1 茹で筍は熱湯でさっと茹でてそうじし、やや淡い加減に調えた八方だしで15～20分ほど煮含め、細切りにする。
2 ワカメは戻したものを用意し、そうじをして食べよい大きさに切り揃える。
3 細うどんは表示の通りに茹で、冷水に取って洗い、水分をきる。
4 温めておいた器に、かけだしで温めたうどんを盛り、筍とワカメをのせ、かけだしを張って木の芽を天盛りにする。

肉うどん

牛肉の旨みと煮汁のおいしさがうどんに加わって、満足感があります。牛肉の煮汁は、濃いめに仕立てると、かけだしとの対比が楽しめ、味わいも増します。

材料（1人前）

冷凍うどん…200g
牛肉（薄切り）…100g
煮汁
　一番だし…100㎖
　濃口醤油・みりん…各20㎖
　砂糖…大さじ1
わけぎ…2本
◆かけだし（128頁参照）…400㎖

作り方

1 牛肉はだしと調味料を合わせた煮汁で煮て、味を含ませる。
2 わけぎは笹切りにする。
3 冷凍うどんは2分ほど茹でたのち、ザルに上げ、水分をきる。
4 器を温め、かけだしで温めたうどんを盛り、熱々のかけだしを張って牛肉とわけぎをのせる。

酔いざめうどん

その名の通り、ちょっと汁物のほしい酒のあとにおすすめ。めんはのど越しのよい細めのめんを使い、小ぶりの餅とおかきを具に、梅干しの酸味を少し利かせます。

材 料（1人前）

米めん（梅入り）…80g
丸小餅…1個
黒豆のおかき…1枚
梅干し…1個
とろろ昆布…ひとつまみ
わけぎ…2本
柚子…少々
◆かけだし（128頁参照）…400㎖

作り方

1 米めんは表示の時間より1分ほど早めに茹で上げ、冷水に取ってもみ洗いし、水分をきる。

2 丸小餅は焼いておく。

3 器を温め、かけだしで温めた米めんを入れ、かけだしを張り、丸小餅、黒豆のおかき、梅干し、とろろ昆布、笹切りにしたわけぎをのせ、切り柚子を添える。

米が原料の米めんは、なめらかなのど越しが特徴。梅入り、よもぎ入りなどがある。

かつとじうどん

豚カツを卵でとじてうどんにのせた、ボリュームのあるひと品。具はカツ丼と同じ位の濃いめの味に仕上げますが、煮汁をよくきってのせ、かけだしとのメリハリをつけます。

材料（1人前）

冷凍うどん…200g
豚ロース肉（豚カツ用）…100g
塩・胡椒…各少々
小麦粉溶き卵・パン粉…各適量
わけぎ…2本
卵…1 1/2個
丼つゆ
　一番だし…100㎖
　濃口醤油・みりん…各25㎖
　砂糖…小さじ1/5
◆かけだし（128頁参照）…400㎖

作り方

1 冷凍うどんは分ほど茹でてザルに上げ、水分をきる。
2 豚ロース肉は筋に切り込みを入れ、塩、胡椒を軽くふったのち、小麦粉をつけて溶き卵をくぐらせ、パン粉をまぶす。170℃に熱した油で揚げて火を通し、1㎝幅に切る。
3 丼用の鍋に丼つゆのだしと調味料を合わせて火にかけ、煮立ったら豚カツを入れ、軽く溶いた卵を流し入れ、半熟状に仕上げる。
4 温めた器にうどんを盛って、かけだしを張り、*3*の汁気をきってのせ、わけぎを添える。

温かいそば・うどん

温かいそば・うどん

カキの味噌煮込みきしめん

味噌によく合うカキを具にした煮込みきしめん。味噌だしは白味噌と桜味噌に、ニンニクと生姜の風味を利かせた、コクのある味わい。煮込むことでカキの旨みがだしに移って美味。名古屋風に八丁味噌を使うなら、ハマチや鶏肉がおすすめ。

材料（1人前）

きしめん（乾麺）…70g
生カキ…80g
白ねぎ…1/3本
せり…1/4把
生椎茸…1枚
生麩…1枚
七味唐辛子…少々
大根おろし…50g
◆味噌だし…※1人前400mℓ
一番だし（132頁参照）
…800mℓ
白味噌…250g
桜味噌…100g
酒…100mℓ
みりん…50mℓ
濃口醤油…大さじ1
おろしニンニク…小さじ1
おろし生姜…小さじ2

作り方

1 きしめんは表示の時間より1分ほど早めに茹で上げ、水洗いして水分をきる。
2 生カキは大根おろしで、もみ洗いする。
3 白ねぎは笹切りにする。せりは4㎝長さに切り揃える。生椎茸は石づきを切り、飾り包丁を入れる。
4 味噌だしを作る。鍋に白味噌と桜味噌、酒、みりん、濃口醤油、おろしニンニク、おろし生姜を入れて弱火で5～6分ほど練り、だしで溶きのばしてなめらかにする。
5 別鍋に味噌だしを入れ、きしめんとカキ、野菜、生麩を加えて煮込み、温めた器に盛り、好みで七味唐辛子をふる。

1
鍋に味噌と他の調味料を合わせ、焦がさないよう弱火でていねいに練る。

2
よく混ざったら一番だしを少しずつ加えて溶きのばしていく。

3
味噌だしにきしめんと他の材料を加えて煮込む。めんはきしめんや太うどんが向く。

鍋焼きうどん

車エビにカキ、鶏肉などだしの出る材料とうどんを煮込む鍋焼きうどんの味は、寒い季節には格別なもの。野菜や練り物など手近な材料もバランスよく取り入れます。

材料（1人前）

冷凍うどん…200g
車エビ（35g程度）…1尾
鶏もも肉…40g
生カキ…30g
白ねぎ…1/4本
茹で筍（小）…1/2個
かまぼこ…2枚
油揚げ…1/4枚
焼きアナゴ…20g
しめじ…1/5パック
三つ葉…3本
卵…1個
柚子…少々
◆かけだし（128頁参照）…400㎖

作り方

1 冷凍うどんは2～3分熱湯に入れて戻し、水分をきる。

2 車エビは背ワタを取る。鶏もも肉はそぎ切りにし、酒、塩少々をふって霜ふりする。生カキは大根おろしでもみ洗いする。

3 白ねぎは笹切りにし、茹で筍は縦半分に切る。かまぼこは日の出切りにし、油揚げは1㎝幅に切り、焼きアナゴはそぎ切りにする。しめじは石づきを切り、食べよく切り離す。三つ葉は軽く結ぶ。

4 鍋にかけだしを張ってうどんを入れ、**2**を加えて火にかける。しばらく煮てから卵を割り入れ、**3**を加えて煮上げる。火からおろして松葉柚子をあしらう。

すき鍋うどん

すき焼きのおいしい肉の旨みが溶け出しただしでうどんを煮込み鍋焼きうどんに。だしの染み込んだうどんや野菜が何よりも美味で、どんどん箸がすすみます。

材　料（1人前）

冷凍うどん…200g
牛肉（薄切り）…80g
焼き豆腐…1/8丁
わけぎ…4本
白ねぎ…1/3本
ごぼう…20g
茹で筍…20g
えのき茸…1/4袋
生椎茸…1枚

◆すき鍋だし
一番だし（132頁参照）…400㎖
濃口醤油…100㎖
みりん…130㎖
砂糖…大さじ1
卵…1個
粉山椒…少々

作り方

1 冷凍うどんは熱湯に2分ほど入れて戻し、水分をきる。

2 小鍋にすき鍋だしの材料を入れて火にかけ、うどんを入れ、食べよく切った牛肉、焼き豆腐、4㎝長さに切り揃えたわけぎ、笹切りにした白ねぎ、笹がきにして茹でたごぼう、薄切りにした茹で筍、えのき茸、2つ切りにした生椎茸を盛る。

3 ひと煮立ちしたら卵を落とし、蓋をして3〜4分弱火で煮る。好みで粉山椒をふる。

温かいそば・うどん

和風シチューうどん

豪快に伊勢エビを丸ごと一尾使い、こっくりとした深い旨みが味わえるひと皿です。もちろん、冷凍のエビやサケ、鶏肉でも十分においしく作ることができます。白味噌とクリームチーズを加えるとまろやかな味わいに。

材料（1人前）

冷凍うどん…200g
伊勢エビ（400g程度）…1尾
ホタテ貝柱…2枚
金時人参…30g
ブロッコリー…40g
舞茸…1/3パック
◆シチューだし
一番だし（132頁参照）…500mℓ
玉ねぎ…1/2個
伊勢エビの頭…1尾分
白味噌…90g
クリームチーズ…35g
淡口醤油…小さじ1/2
胡椒…少々

作り方

1 シチューだしを作る。一番だしにきざんだ玉ねぎと伊勢エビの頭を入れ、弱火で15分ほど煮込む。これを別鍋に漉し取り、白味噌とクリームチーズ、淡口醤油、胡椒を加えて味を調える。

2 伊勢エビは縦半分に割り、頭と尾を分けて身を食べよい大きさに切る。ホタテ貝柱は二枚にそぐ。

3 金時人参は皮をむいて笹切りにし、塩茹でする。ブロッコリーは食べよい大きさにし、塩茹でする。舞茸は石づきを切り落とし、食べよくさばく。

4 冷凍うどんは熱湯で2～3分茹でたのち、水分をきる。

5 シチューだしに2～4を加えて3～4分ほど煮込み、器に盛る。

1
伊勢エビの頭ときざんだ玉ねぎを鍋に入れ、一番だしで煮込んでだしを取る。

2
漉してから調味料を加えていく。クリームチーズを加えてまろやかに仕立てる。

3
具とうどんを加えて3～4分煮込み、味をなじませる。

ハモの冷たいめん

初夏より出回りはじめるハモとじゅん菜を取り合わせ、この季節ならではの爽やかなそうめんに仕立てました。車エビも片栗粉を打ってのし、茹でて添えると、口当たりがなめらかに。夏の椀物にもなります。

材料（1人前）

そうめん…1把
ハモ（おろし身）…30g
車エビ（30g程度）…1尾
片栗粉…適量
じゅん菜…30g
胡瓜…適量
梅肉・柚子…各少々
◆そうめんのかけつゆ（129頁参照）…150㎖

作り方

1 ハモは骨切りしたものを用意して3㎝幅に切り、湯引きして氷水に取る。
2 車エビは頭と殻、尾を取り、片栗粉をつけてのし、湯に通したのち氷水に取る。
3 じゅん菜は熱湯に通して氷水に取り、色出しする。
4 胡瓜は皮を薄くむき、芯抜きで中をくり抜き、薄い小口切りにし、塩茹でして冷水に落とす。
5 そうめんは端を輪ゴムで軽くしばり、約2分茹でて手早く冷水で洗い、水分をきる。
6 冷やした器にそうめんを盛り、湯引きしたハモとのしエビ、じゅん菜、蛇の目に作った胡瓜をのせ、かけつゆを張り、ハモの上に梅肉をのせ、ふり柚子をする。

ハモ松茸にゅうめん

ハモだしを使ったにゅうめんで、だしの味が何よりも魅力。ハモだしはハモの頭や中骨、甘みのある玉ねぎを煮出し、ムロ節と花カツオで旨みと風味をプラス。秋に出会うハモと松茸をのせてしっとりと。

材料（1人前）

そうめん…1把
ハモ（おろし身）…80g
松茸（小）…1本
あさつき…5本
梅肉・一味唐辛子…各少々
すだち…少量
◆ハモだし（134頁参照）…400㎖

作り方

1 そうめんは1分30秒ほど茹でたのち、冷水に取り、手早くもみ洗いし、水分をきる。

2 ハモのおろし身は骨切りして薄塩をふり、霜ふりする。松茸は薄切りにする。あさつきは4㎝長さに揃える。

3 調味したハモだしにそうめんを加え、ハモと松茸を加えて手早く火を通し、温めておいた器に盛り、あさつき、輪切りにしたすだちを添え、一味唐辛子をふる。

そうめん

冷やしそうめん

目にも涼やかな、ご馳走の冷やしそうめんで、暑い盛りのもてなし料理として喜ばれます。焼き鮎、甘辛に炊いた椎茸、アボカド、温度卵など、具を楽しく揃え、青柚子の風味を添えて供します。

材 料（1人前）

そうめん…1把
車エビ（20g程度）…1尾
アユ…1尾
アボカド…10g
茗荷…1本
白ねぎ…1/4本
椎茸の万年煮
（149頁参照）…20g
温度卵の卵黄
（154頁参照）…1個分
おろし生姜…小さじ1
◆そうめんのつけつゆ
（129頁参照）…80㎖

作り方

1 車エビは背ワタを取って茹で、冷水に取って頭と殻を取る。アユは塩焼きにし、頭と尾を切り落とし、中骨を抜く。
2 アボカドの皮をむき、薄塩をふって1分ほど蒸して色を出し、5㎝幅に切る。
3 茗荷は小口切りにし、水にさらす。白ねぎも小口切りにしてガーゼに包み、もみ洗いする。
4 そうめんは端を輪ゴムで結び、約2分茹でて手早く冷水でもみ洗いし、水分をきる。
5 器に氷を敷き、そうめんを揃えて盛り、*1*～*3*と椎茸の万年煮、温度卵、おろし生姜を盛りつけ、ふり柚子をする。別につけつゆを添える。

ぶっかけ 冷やしそうめん

冷やしそうめんは、つゆを上からかけてもおいしいもの。具は車エビやハモ、カニ、卵豆腐、野菜など、さっぱりとしたそうめんの持ち味を活かし、あまりクセのないものを選ぶ。彩りよく盛りつけ、きりりと冷やすと暑い季節にも食がすすみます。

タイめん

タイの潮だしに、シジミとエビのエキスを加えただしで味わい深く。タイは生のまま器に盛り、熱々のだしでほどよく火を通します。ここではめんは中国の卵めんを使いましたが、そうめんでも同様に。

材料（1人前）

卵めん（乾麺）…50g
タイ（上身）…120g
ワカメ（戻したもの）…50g
すだち…少量
◆潮だし（130〜131頁参照）…400㎖
※水15カップ、昆布15g、タイのアラ1尾分、シジミ300g、車エビの頭20尾分を煮出し、塩少々、淡口醤油小さじ1、酒大さじ1で味を調える。

作り方

1 卵めんは表示のとおりに茹でたのち、水分をきる。
2 タイは上身にしたものを用意し、そぎ切りにする。ワカメは戻したものを用意してそうじし、食べよい大きさに切る。
3 温めておいた器に卵めんを入れ、そぎ切りにしたタイの身とワカメをのせ、潮だしを張り、輪切りにしたすだちを添える。

そうめん

タイ潮にゅうめん

タイのアラから取った潮だしは、繊細な味を持つそうめんに合わせ、やや薄い味加減に。だしに酒をたっぷり加えることで、タイのクセも和らぎ、上品な味わいに仕上がります。木の芽を吸い口にします。

材　料（1人前）

そうめん…1把
タイ（活けのもの）…1kg
ワカメ（戻したもの）…50g
木の芽…10枚
◆タイの潮だし（130頁参照）…400㎖

作り方

1 タイの頭は半分に割り、カマ、中骨、腹骨を適当な大きさに切って強塩を当て、1時間ほど置いて霜をふり、そうじをする。
2 ワカメは戻したものを用意してそうじし、食べよい大きさに切る。
3 *1*のタイを使ってタイの潮だしを作る。（材料と作り方は130～131頁を参照のこと）
4 そうめんは輪ゴムで軽く束ね、1分30秒ほど茹でて冷水に取り、手早く洗って水分をきる。
5 器にタイの頭とカマ、そうめんを盛り、タイの潮だしを張り、ワカメを添え、木の芽を天盛りにする。

鶏煮込みにゅうめん

一番だしで鶏肉を煮込み、これをだしに用いたにゅうめんです。鶏のコクが加わるので、調味は塩と淡口醤油、酒を少量ずつ加えるにとどめます。量を控えめにすると、酒にもよく合う一品に。

材料（1人前）

そうめん…2/3把
鶏もも肉…80g
大徳寺麩…1枚
吸い地八方だし…適量
白ねぎ…10g
おろし生姜…少々
◆にゅうめんだし
一番だし（132頁参照）…150㎖
塩・淡口醤油・酒…各少々

作り方

1 そうめんはむ輪ゴムで軽く束ね、1分30秒ほど茹でて冷水に取り、手早く洗って水分をきる。
2 鶏もも肉は食べよい大きさに切り、酒・塩をふって10分ほどおいてから霜ふりする。
3 大徳寺麩は薄切りにし、油抜きしてから吸い地八方だしで含め煮にする。
4 白ねぎは小口切りにし、水にさらす。
5 一番だしを吸い物よりやや濃いめの味加減で味を調え、鶏肉を入れて4～5分弱火で煮る。
6 そうめんを5のだしで温め、器に盛る。だしを張り、鶏肉、大徳寺麩をのせ、さらしねぎとおろし生姜を天盛りにする。

そうめん冷製パスタ風

そうめんをスパゲッティ風に仕立てた夏向き創作めん。そうめんをフレッシュなトマトソースで和え、最後に麺つゆジュレをかけ、さわやかな洋風味に。若者客や女性客に人気の一品です。

材料（1人前）

そうめん…1把
赤パプリカ…1/4個
黄パプリカ…1/4個
バジル2枚
◆トマトソース
トマト…1個
トマトジュース…200ml
野菜ジュース…200ml
ローリエ…1枚
バージンオリーブオイル…大さじ1
塩…小さじ1/5
黒胡椒…少々
※トマトソースは1人前80～100ml使用
◆パプリカのマリネドレッシング
バージンオリーブオイル…50ml
米酢…40ml
レモン汁…大さじ1
塩・胡椒…少々
◆めんつゆジュレ
そうめんだし（129頁参照）…180ml
板ゼラチン…3g

作り方

1 そうめんは1分茹で、手早く洗って、氷水に取ってしめる。
2 赤、黄パプリカを直火で表面が黒くなるまで焼き、水に落として皮をはがす。水分をきり、細長く切ってマリネする。
3 トマトは湯むきし、種を取って、2センチ角に切る。
4 鍋に3とトマトソースの調味料を加え、2割程度煮詰めて、塩・胡椒で味をととのえる。できあがったソースを冷ます。
5 1を4で和え、冷やした器に盛りつけ、2をのせる。めんつゆジュレをたっぷりかけ、バジルをあしらう。

冷水に取ったそうめんの水分をきって、トマトソースで素早く和える。

そうめんチャンプルー

チャンプルーとは沖縄料理の炒め物のこと。いろいろな材料が合わさった複合的な味が魅力で、酒のつまみとしても喜ばれます。豆腐、苦瓜の定番の具に、コンビーフを取り合わせ、個性的な風味に。

そうめん

材料（1人前）

そうめん…1把
木綿豆腐…1/2丁
苦瓜…1/6本
エビ…3尾
赤ピーマン…1/4個
エリンギ…1/2個
黄ニラ…1/2把
コンビーフ…40g
サラダ油…大さじ1
酒…大さじ1
濃口醤油…小さじ1 1/2　塩・胡椒…各少々
ごま油…小さじ1
卵…1個
花カツオ…ひとつまみ

作り方

1 そうめんは1分30秒ほど茹でたのち、手早く水洗いし、水分をきる。

2 木綿豆腐は水分をよくきる。苦瓜は縦半分に切り、スプーンで種を取り、小口切りにする。エビは殻をむいて背ワタを取る。赤ピーマンは縦4つに割り、小口切りにする。エリンギは薄く切る。黄ニラは4㎝長さに切る。

3 フライパンを熱し、サラダ油を入れ、木綿豆腐、コンビーフ、苦瓜を炒め合わせ、エリンギ、エビ、そうめん、赤ピーマンの順に炒め、酒、濃口醤油、塩、胡椒、ごま油を加えて調味し、最後に黄ニラを入れる。ここへ卵を溶き入れ、軽く炒めて仕上げる。

4 器に***3***を盛り、花カツオひとつまみを天盛りにする。

和《あ》えそうめん

そうめんを明太子マヨネーズで和え、カニや椎茸、錦糸卵、胡瓜などを彩りよくのせたサラダ感覚の一品。明太子マヨネーズには味噌を混ぜて、こっくりとした味に。そうめんと具はよく混ぜて食べていただきます。

そうめん

材　料（1人前）

そうめん…1把
カニ肉…30g
生椎茸…1枚
胡瓜…20g
錦糸卵…2個分
大葉…2枚

◆サラダ和え衣
マヨネーズ…大さじ1
明太子…20g
信州味噌・白味噌…各小さじ1
みりん…小さじ1
レモン汁…小さじ1

作り方

1 そうめんは2分ほど茹でて冷水に取り、手早く洗って水分をきる。

2 カニ肉は食べよくさばく。生椎茸は石づきを取り、酒と塩をふって焼き、小口切りにする。胡瓜は針打ちにして立て塩に漬け、水気をしぼる。

3 マヨネーズとほぐした明太子、材料の調味料を混ぜてサラダ和え衣を作り、*1*のそうめんを和え、大葉を敷いた器に盛り、*2*と錦糸卵を彩りよく盛る。

マヨネーズと明太子、味噌などを混ぜた和え衣で、そうめんを和える。そうめんに水分が残っていると、水っぽくなるので十分に、水をきること。

揚げそうめんのきのこあん

色よく揚げたそうめんに、熱々のきのこあんをかけて供します。きのこは、時季のものや身近なものなど、いろいろと使うことができますが、数種類を組み合わせることで味わいが増します。

材料（1人前）

そうめん…1把
エビ…3尾
豚肉（薄切り）…60g
しめじ…1/3パック
えのき茸…1/2袋
エリンギ…1本
舞茸…1/3パック
絹さや…10枚
茹で筍…30g
白髪ねぎ・糸唐辛子…各少々
◆きのこあん
一番だし（132頁参照）…300㎖
濃口醤油…大さじ2 1/2
オイスターソース…大さじ1
みりん・酒…各大さじ1
ラー油・胡椒・塩…各少々
水溶き片栗粉…大さじ1 1/2

作り方

1 そうめんは1分ほど茹でて手早く水洗いし、水分をよくきり、180℃の油で揚げる。
2 エビは背ワタを取ら、豚肉は食べよい大きさに切る。
3 しめじは石づきを切り、食べよく切り離す。えのき茸は軸を切ってさばく。エリンギは4㎝長さの短冊切りにし、舞茸も石づきを切ってさばく。絹さやは軽く塩茹でし、茹で筍は薄切りにする。
4 鍋にきのこあんのだしと調味料を熱し、**2**～**3**を加えて火を通し、水溶き片栗粉でとろみをつける。
5 器に揚げそうめんを盛り、きのこあんをかけ、白髪ねぎと糸唐辛子を天盛りにする。

創作めん料理

焼きそばやパスタ、そばめしなど、和風めん以外にも、個性的なめん料理が注目されています。大勢で取り分けてにぎやかに食べられるのも魅力で、めんや食材の取り合わせ、だし、調味料などの工夫で新鮮味のあるメニューが生まれます。

カキ焼きそば

滋味豊かな風味を持つカキを焼きそばの具に。身がしまりすぎないよう、手早く炒めていきます。味つけは醤油と、カキの旨みが凝縮されたオイスターソースで、バランスよく仕上げます。

材　料（1人前）

中華めん（生蒸し麺）…150g
生カキ…100g
白ねぎ…1本
白菜…70g
人参…20g
茹で筍…30g
青ねぎ…1本
香菜…少々

◆調味料
鶏ガラスープ（137頁参照）…100mℓ
濃口醤油…小さじ2
オイスターソース…大さじ1
ラー油・塩・胡椒…各少々

作り方

1 生カキは片栗粉をまぶしてから水洗いし、水分をとる。

2 白ねぎは笹切りに、白菜はそぎ切りに、人参は短冊切りにする。茹で筍は薄切りに、青ねぎは4cm長さに、香菜は食べよく切り揃える。

3 フライパンを熱してサラダ油大さじ1を敷き、ほぐした中華めんを入れて炒め、*2*の野菜を加えて炒め合わせる。ほぼ火が通ったら生カキを入れて軽く炒め、さらにスープを加えて蒸らしながら炒め、材料の調味料を入れて炒め合わせる。

4 皿に*3*を盛り、香菜を天盛りにする。

海鮮あんかけそば

材　料（1人前）

中華めん（生蒸し麺）…150g
アワビ（おろし身）…70g
干し貝柱（戻したもの）…2個
モンゴウイカ（上身）…40g
豚もも肉（薄切り）…60g
茹で筍…30g
人参…20g
絹さや…10g
グリンピース…15g

◆あん
鶏ガラスープ
（137頁参照）…150㎖
干し貝柱の戻し汁…100㎖
濃口醤油…大さじ2
酒・みりん…各大さじ1
ごま油…小さじ1
塩・胡椒・旨味調味料…各少々
水溶き片栗粉…大さじ2

作り方

1 生蒸しめんはほぐし、180℃のサラダ油でカラリと揚げる。
2 アワビは3～4㎜厚さのそぎ切りにする。戻した干し貝柱はほぐす。モンゴウイカは隠し包丁を入れ、そぎ切りにする。豚もも肉は食べよい大きさに切る。
3 茹で筍は薄切りに、人参は短冊切りにする。絹さやは筋を取ってさっと茹でる。グリンピースは塩茹でする。
4 フライパンを熱してサラダ油大さじ1を敷き、*2*の魚介と豚肉をさっと炒め、茹で筍と人参を炒め合わせ、塩・胡椒で軽く下味をつける。ここへスープと干し貝柱の戻し汁を加え、あんの材料の調味料で味を調え、絹さや、グリーンピースを入れ、水溶き片栗粉でとろみをつける。
5 温めた器に*1*の揚げ麺を盛り、*4*のあんをかける。

パリパリと揚げた中華めんの歯ごたえも楽しいあんかけそばです。あんは、干し貝柱の戻し汁を加えて深みのある味に仕立て、アワビやイカ、豚肉、野菜と具を贅沢に取り揃えます。

八宝菜めん

中国料理の八宝菜を、香ばしく焼いた中華めんの上にかけました。魚介や豚肉、野菜と、山海の材料を盛り込んでボリュームたっぷり。大皿に盛り込んで取り分けるスタイルで楽しい雰囲気に。

材　料（1人前）

中華めん（生蒸し麺）…150g
豚バラ肉（薄切り）…70g
エビ…3尾
モンゴウイカ（おろし身）…50g
ホタテ貝柱…2枚
白菜…50g
茹で筍…30g
もやし…40g
きくらげ（戻したもの）…20g
ピーマン…1個
人参…20g

◆あん
鶏ガラスープ（137頁参照）…100㎖
淡口醤油…小さじ2
オイスターソース・酒…各大さじ1
みりん…小さじ1
旨味調味料・塩・胡椒…各少々
ごま油…小さじ1
水溶き片栗粉…大さじ2

作り方

1 フライパンを熱してサラダ油大さじ2を敷き、ほぐした蒸しめんを入れ、両面に焼き目がつくまで焼く。

2 別のフライパンにサラダ油大さじ1を敷き、食べよく切った豚バラ肉を軽く炒め、背ワタを取ったエビ、そぎ切りにしたモンゴウイカ、二枚に切ったホタテ貝柱を炒める。さらにそれぞれ食べよく切った白菜、茹で筍、もやし、きくらげ、ピーマン、人参を加えて炒め合わせ、塩、胡椒を軽くふる。ここへスープと他の調味料を加え、煮立ったら水溶き片栗粉を加えてとろみをつける。

3 温めた器に*1*のめんを盛り吟、*2*のあんをかける。

マーボーめん

豆板醤の辛味や生姜、にんにくの風味が刺激となり、自然と食がすすむマーボー豆腐は、世代を問わず人気。ご飯やめんによく合い、太めの中華めんに合わせると、満足度の高い食事メニューとなります。

材料（1人前）

中華生めん…120g
鶏挽き肉…100g
絹ごし豆腐…180g
千両茄子…1/2本
赤・黄ピーマン…各1/8個
◆鶏挽き肉の調味料
濃口醤油・みりん・酒
…各大さじ1
砂糖…小さじ2
◆鶏マーボースープ
サラダ油…大さじ2
みじん生姜…大さじ1/2
みじんにんにく…小さじ1
豆板醤…小さじ1
鶏ガラスープ
（137頁参照）…200mℓ
濃口醤油…大さじ3
酒…大さじ1
みりん…大さじ2
砂糖…小さじ1
みりんねぎ…1/2本分
ごま油…大さじ1/2
ラー油…小さじ1/2
胡椒…少々

作り方

1 鶏挽き肉はサラダ油を熱したフライパンで炒め、濃口醤油、酒、みりん、砂糖を加えて汁気がなくなるまで煎り上げる。

2 絹ごし豆腐は水分をきり、1cm角に切る。千両茄子は5cm長さに切り揃える。赤・黄ピーマンは3cm長さに切る。

3 生中華めんは表示の時間通りに茹でてザルに上げ、水分をきる。

4 フライパンにサラダ油を熱し、みじん生姜とにんにく、豆板醤を入れて炒め、***1***～***2***を加えて炒め合わせ、鶏ガラスープと濃口醤油、酒、みりん、砂糖、みじんねぎを加える。仕上げにごま油とラー油、胡椒で味を調え、温めた器に盛っためんの上にかける。

豚キムチ炒めビーフン

味が染み込んだビーフンは、ビールとの相性が抜群。ここでは、豚肉と相性のよい白菜キムチの辛味と酸味を調味料代わりに、ナンプラーとカレー粉を加えてより複雑な味わいに作ります。

材料（1人前）

ビーフン…80g
豚バラ肉（薄切り）…60g
白菜キムチ…60g
人参…30g
生椎茸…1枚
茹で筍…25g
ピーマン…1個
ニラ…1/5把
煎りごま…少々

◆調味料
鶏ガラスープ（137頁参照）…100㎖
酒・濃口醬油…各大さじ1
ナンプラー…小さじ1/2
ごま油…小さじ1
カレー粉・塩・胡椒…各少々

作り方

1 ビーフンは表示の時間通りに茹で、水分をきる。
2 豚バラ肉は食べよい大きさに切る。白菜キムチも食べよく切る。
3 人参は短冊切りにする。生椎茸は石づきを切り落とし、薄切りにする。茹で筍は薄切りにする。ピーマンは太めのせん切りにする。ニラは4㎝長さに揃える。
4 フライパンにサラダ油大さじ1を敷き、豚バラ肉を炒めてからキムチを加え、3の野菜を加えてさらに炒める。火が通ってきたらビーフンを入れて炒め合わせ、スープと調味料を加え、さっと炒めて仕上げる。
5 器に**4**を盛り、煎りごまを散らす。

あっさり汁ビーフン

スープの旨みとコクを余すところなく妹わっていただくため、飲み干せる程度の味加減で、あっさりと仕立てます。芳しく揚げたねぎをアクセントにします。

材料（1人前）

ビーフン…80g
ホタテ貝柱…1個
豚バラ肉（薄切り）…60g
青ねぎ…1本
白ねぎ…1/2本
糸唐辛子…少々
◆ビーフンスープ
豚足と鶏ガラのスープ（136頁参照）…400㎖
淡口醤油…大さじ1 1/3
塩・胡椒・旨味調味料…各少々

作り方

1 ビーフンは表示の通りに茹でたのち、ザルに上げ、水分をきる。
2 ホタテ貝柱は2枚にへぎ、豚肉は食べよい大きさに切り、フライパンで炒めて火を通し、塩、胡椒する。
3 白ねぎは笹切りにして、170℃の温度で揚げる。
4 青ねぎは笹切りにし、水にさらす。
5 温めた器に調味料を入れてスープを注ぎ、ビーフンを入れて**2**～**4**を盛り、糸唐辛子を天盛りにする。

フカヒレめん

フカヒレを丸ごとのせた、高級感のあるめん料理ですが、戻してある市販品を利用すると、手間もかかりません。鶏ガラスープをベースにし、オイスターソースで風味よくとろみをつけてめんとのからみをよくします。

材　料（1人前）

中華卵めん…80g
フカヒレ
（戻したもの）…1枚
茹で筍（小）…1/2個
生椎茸…1枚
チンゲン菜…1／8把

◆めんスープ
鶏ガラスープ
（137頁参照）…400㎖
淡口醤油…小さじ2
酒…大さじ1
塩…小さじ1/2
みりん…小さじ2
オイスターソース…大さじ1
胡椒…少々
水溶き片栗粉…大さじ2

作り方

1 フカヒレと生椎茸は、あらかじめめんスープで炊いて、味を含ませておく。

2 茹で筍は縦半分に切って薄切りにする。チンゲン菜は食べよく切って塩茹でする。

3 卵めんは表示の時間通りに茹でてザルに上げ、水分をきる。

4 めんスープをひと煮立ちさせ、水溶き片栗粉でとろみをつけ、卵めんを入れて混ぜる。温めておいた器に盛り、フカヒレと筍、椎茸、チンゲン菜を彩りよく盛る。

揚げそば海鮮あんかけ

中華麺を日本そばに変えて和風に仕上げた揚げそば。あんかけは、だしに醤油をオイスターソースで割って、みりんを使い和風味にします。あんは多めにかけてお出しした方がおいしい。

材料（1人前）

乾そば…80g
モンゴイカ…30g
茹でタコ…20g
サイマキエビ…2尾
ホタテ貝…1枚
チンゲン菜…35g
エリンギ…20g
ピーマン…10g
茹で筍…15g
うずらの玉子…3個

◆合わせ調味料
だし…500㎖
淡口醤油…25㎖
オイスターソース…15㎖
みりん…20㎖
塩・胡椒…少々
水溶き片栗粉…大さじ3

作り方

1 そばは茹で、冷水で洗って、水分をきる。1時間ほど置いたら、180℃の新油でカラッと揚げる。

2 フライパンを熱し、油を引いてチンゲン菜の硬い部分、エリンギ、筍、ピーマンを加えてサッと炒める。

3 続いてモンゴイカ、茹でタコ、サイマキエビ、ホタテ貝を加えて手早く炒め、うずらの玉子、チンゲン菜の葉の部分を加え、合わせ調味料を入れてひと煮立ちさせる。最後に水溶き片栗粉を加え、とろみをつける。

そばは広げて180℃の油に入れ、泡が立たなくなったら、水分が抜けてカリッと揚がった証拠。

あんかけ焼そうめん

パリパリのそうめんの食感と具だくさんの贅沢なあんが、グルメ志向の人の舌を掴んで評判を呼びます。中華スープは使わず、鍋地の味わいのだしで和風に仕上げて、飽きのこないおいしさに。

材料（1人前）

そうめん…1把
サイマキエビ…2尾
ハモ（上身）…50g
豚バラ（スライス）…30g
白菜…30g
人参…15g
おろし生姜…5g
きくらげ…15g
絹さや…6枚
白髪ねぎ…20g
糸唐辛子…少々
黒酢…少々
練り辛子…少々

◆合わせ調味料
だし…360㎖
淡口醤油…30㎖
みりん…30㎖
酒…15㎖
塩…ひとつまみ
ごま油…15㎖
水溶き片栗粉…大さじ2

作り方

1 そうめんを1分間熱湯で茹で、手早く洗い、氷水でしめる。水分をきって、1時間冷蔵庫に入れてねかす。

2 フライパンを熱し、サラダ油大さじ1を引き、***1***をひらたく広げて入れる。中火で少しきつね色になるまで両面を焼き、別皿に上げておく。

3 再びフライパンを熱し、サラダ油大さじ1を引き、火の通りがおそい野菜と豚バラ肉を炒めた後、火の通りがはやい野菜とエビ、ハモを炒める。合わせ調味料を加え、ひと煮立ちしたら、水溶き片栗粉を回し入れ、とろみをつける。香りづけにごま油を加える。

4 器に***2***を置き、***3***のあんをかけ、おろし生姜を盛って白髪ねぎ、糸唐辛子を天に盛る。

覚書き
好みで黒酢、練り生姜を使う。

1
伊勢エビの頭ときざんだ玉ねぎを鍋に入れ、一番だしで煮込んでだしを取る。

2
漉してから調味料を加えていく。クリームチーズを加えてまろやかに仕立てる。

3
具とうどんを加えて3～4分煮込み、味をなじませる。

トントンめん

じっくりと煮込んだとろけるような豚の角煮を具にしました。角煮は手間と時間をかけ、ゆっくりと味を含ませて作り、できあがりは箸でも切れるやわらかさ。角煮の煮汁で炊いたたねぎもとろりとして絶妙の味わい。

材料（1人前）

中華生めん…130g
豚の角煮…100g
白ねぎ…1本
ほうれん草…少々
◆めんスープ
豚足と鶏ガラのスープ
（136頁参照）…400mℓ
濃口醤油…大さじ1 1/2
塩・胡椒・旨味調味料…各少々
酒…大さじ1
豚の背脂…適量

作り方

1 めんは表示の通りに茹で、水分をきる。
2 白ねぎは12cm長さに切り、角煮の煮汁で煮たものを用意する。ほうれん草は塩茹でして食べよく切る。
3 丼を温めておき、温めたスープを張ってめんを盛り、豚の角煮と白ねぎ、ほうれん草をのせる。

覚書き

ここで使用するめんスープは、スープの材料を合わせて2/3量まで煮つめ、スープ1リットルに対し、80gの豚の背脂を漉し入れ、さらに2割煮つめたもの。

豚角煮の作り方

材料

豚バラ肉（かたまり）…1kg
一番だし（132頁参照）
…2000mℓ
濃口醤油…150mℓ
たまり醤油…50mℓ
酒…100mℓ
みりん…200mℓ
砂糖…90g

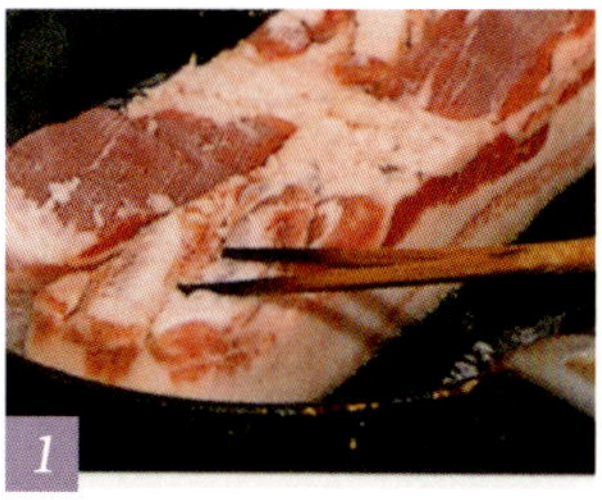
1
豚バラ肉は500g大の長方形に切り、全体にキツネ色の焼き目がつくまで脂身より焼く。

2
水に焼いた豚バラ肉と米ぬか、タカの爪2～3本を入れ、約2時間茹でる。

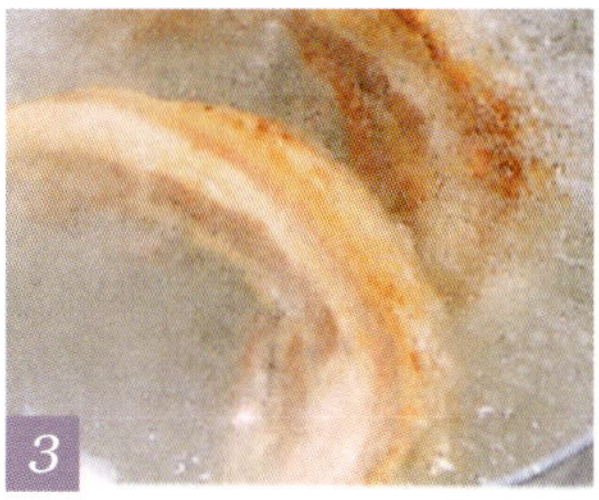
3
茹でこぼしたのち、さらに水から1時間ほど茹でたら、肉の粗熱を取り、冷蔵庫で一晩ねかせる。

4
ひと晩たったら、一番だしと材料の調味料で約2時間ほど弱火でじっくりと煮含める。

冷やし中華

夏場に人気の冷やし中華はたれが決め手。ここでは、鶏ガラスープをベースに、練りごまとごま油でコクと香ばしさをプラス。レモン汁の爽やかな酸味も忍ばせ、めんだけでなく魚界や野菜もおいしく食べられます。具は食べ味の違うものを揃えます。

材　料（1人前）

中華生めん…100g
ロースハム…2枚
車エビ（30g程度）…1尾
鶏もも…50g
塩・胡椒・酒…各少々
シーチキン…30g
錦糸卵…1個分
胡瓜…1/4本
長芋…30g
もやし（太めのもの）…30g
トマト…1/6個
サニーレタス…2枚
貝割れ菜…適量
切りごま…小さじ1

◆冷やし中甲華のたれ（一人前）…80ml
鶏ガラスープ（137頁参照）…100ml
濃口醤油・みりん…各80ml
米酢…90ml
レモン汁…小さじ1
砂糖…25g
練りごま・ごま油…各大さじ1
溶き辛子…大さじ2/3

作り方

1 中華めんは表示の通りに茹でたのち、冷水で洗って水分をきる。

2 ロースハムは細切りにする。車エビは背ワタを取って塩を入れた熱湯で茹で、冷水に取って頭と殻をむく。鶏肉は塩と胡椒、酒をふって約15分間蒸し、冷ましてからそぎ切りにする。シーチキンは粗くほぐす。

3 胡瓜は細切りにする。長芋は皮をむいて酢水につけ、せん切りにする。もやしは軽く茹でてザルに上げ、薄く塩をふる。トマトは食べよい大きさに切る。

4 器にサニーレタスを敷き、*1*の中華めんを盛り、*2*～*3*と錦糸卵、貝割れ菜を彩りよく盛り、切りごまを散らし、材料のスープと調味料を合わせた冷やし中華のたれをかける。

冷やし蒸し鶏めん

人気のバンバンジー中華には白味噌とみじんねぎ、みじん生姜、ラー油を加え、個性的な味わいに仕上げたごまだれが合います。鶏肉はやわらかい胸肉を使い、酒と塩をふって15分ほど蒸してクセを抜くことがポイント。器もめんもたれもよく冷やします。

青じその冷製パスタ

青じそドレッシングで和えたパスタにタイとアワビ、ウニをのせ、爽やかな印象に仕立てました。ドレッシングは、青じその香りとアンチョビー、にんにくの風味がきいて、クセになる味わい。

材料（1人前）

カッペリーニ…80g
タイ（上身）…50g
アワビ（おろし身）…60g
生ウニ…50g
レッドオニオン…1/8個
セルフィーユ…2本
ミニトマト…2個
ラディッシュ…1個

◆青じそドレッシング（一人前）…50ml
にんにく…1/4片
アンチョビー…3枚
ケッパー…大さじ1
青じそ…30枚
エキストラバージンオイル…120ml
米酢・レモン汁・淡口醤油…各30ml
砂糖…小さじ1
塩・胡椒…各少々

作り方

1 青じそドレッシングを作る。すり鉢でにんにくをすりおろし、アンチョビーとケッパーをすり混ぜる。さらにみじん切りにした青じそを加えてよくすり混ぜる。ここへ他の調味料を加えて、塩、胡椒で味を調える。

2 カッペリーニは塩を入れて表示通りに茹で、手早く水で洗い、水分をきる。

3 タイは皮を引いてそぎ切りにし、薄く塩、胡椒をふる。アワビも同様にそぎ切りにし、塩、胡椒をふる。

4 カッペリーニを青じそドレッシングで手早く和えて器に盛り、薄切りにして水にさらしたレッドオニオン、*3*のタイとアワビ、生ウニをバランスよく盛り、くし形に切ったミニトマト、セルフィーユ、薄切りにしたラディッシュをあしらう。

青じそドレッシング

1
にんにくとアンチョビー、ケッパー、大葉をすり混ぜたところへエキストラバージンオイルを加える。

2
他の調味料も加えて、なめらかになるまですり混ぜる。

海の幸とトマトの冷製パスタ

冷やしたトマトソースとマグロが意外にもよく合う、夏向きの一品。マグロとタコは塩と胡椒をふっておくと、ソースとなじみやすく、モッツァレラチーズと甘みの強いフルーツトマトで味に変化を。

材　料（1人前）

カッペリーニ…100g
マグロ…50g
活タコ…50g
フルーツトマト…1個
モッツァレラチーズ…15g
黒オリーブ…3個
にんにく…1片
バジル…2枚

◆トマトソース
みじん玉ねぎ…80g
みじんにんにく…10g
ホールトマト…400g
トマトピューレ…100㎖
白ワイン…100㎖
アンチョビー…2枚
固形ブイヨン…1個
ローリエ…1枚
エキストラバージンオイル…70㎖
塩・胡椒…各少々

作り方

1 トマトソースを作る。フライパンにオリーブ油大さじ1を熱し、みじん切りの玉ねぎとにんにくを炒め、ホールトマト、トマトピューレ、白ワイン、みじん切りにしたアンチョビー、ブイヨン、ローリエを加えて煮込む。仕上げにエキストラバージンオイルを加え、塩、胡椒で調味し、冷ます。

2 カッペリーニは塩を入れて表示通りに茹で、冷水に取って洗い、水分をきる。

3 マグロはそぎ切りにし、塩、胡椒を軽くふる。活タコはもみ洗いし、塩を入れた熱湯で約1分ほど茹でて冷まし、そぎ切りにして塩、胡椒を軽くふる。

4 フルーツトマトとモッツァレラチーズは5㎝角に切る。黒オリーブは2つに切る。ニンニクは薄くスライスして油で揚げる。

5 カッペリーニに冷やしたトマトソースをからめて器に盛り、3～4を彩りよく盛り、バジルを添える。好みでパルメザンチーズを別に添える。

海の幸トマトスープスパゲティ

隠し味にウスターソースと砂糖、醤油を加えたトマトスープが、味の決めてで、親しみやすさがあります。魚介は煮込まずにさっと焼いて添え、持ち味を引き立てます。

材料（1人前）

細目のパスタ…60g
レタス…3枚
ホタテ貝柱…1個
タイ（上身）…40g
車エビ…1尾
イタリアンパセリ…少々
パルメザンチーズ…適量

◆トマトスープ

みじん玉ねぎ…大さじ3
みじんにんにく…小さじ1
ベーコン…30g
ホールトマト…110g
トマト…1個
トマトピューレ…大さじ3
白ワイン…100mℓ
水…300mℓ
固形ブイヨン…1個
砂糖・ウスターソース…各小さじ1
濃口醤油…小さじ1 1/2
ローリエ…1枚
エキストラバージンオイル…大さじ3
塩・胡椒…各少々

作り方

1 トマトスープを作る。鍋にサラダ油を熱して、みじん切りにした玉ねぎとニンニク、ベーコンを炒め、ホールトマトとみじん切りにしたトマト、ローリエ、その他の材料を加えて煮込む。2割ほど煮つまったら、仕上げにエキストラバージンオイルと塩、胡椒を加えて味を調える。

2 パスタは塩を入れて表示通りに茹で、水分を切る。

3 ホタテ貝柱は2枚にそぎ、タイはそぎ切りに、車エビは背ワタを取る。それぞれ塩、胡椒をふり、サラダ油を熱したフライパンでさっと焼く。

4 パスタにトマトスープをからめ、レタスを敷いた器に盛り、**3** を盛り合わせ、好みでパルメザンチーズをふり、イタリアンパセリを天盛りにする。

オムそばめし

話題のそばめしを卵でくるんだオムレツ。身近にあるご飯とそばにキャベツや豚肉を炒め合わせ、ソースには市販のものを活用するお手軽メニューですが、どこか懐かしい味わいが人気。

材料（1人前）

焼きそば用めん…100g
ご飯…100g
エビ…3尾
豚肉（薄切り）…50g
キャベツ…30g
人参…20g
グリーンピース…20g
卵…1個
焼きそば用ソース…大さじ2 1/2
酒…小さじ1
胡椒…少々
青海苔粉…少々
◆デミグラスソース
デミグラスソース（市販のもの）…大さじ4
ケチャップ・みりん…各大さじ1
ウスターソース…小さじ1

作り方

1 フライパンを熱してサラダ油大さじ1を敷き、食べよく切った豚肉とエビを炒め、細切りにしたキャベツと人参、グリンピースを加えて軽く炒めたら、細かく切った焼きそば用めんとご飯を入れ、手早く炒め、焼きそば用ソースと酒、胡椒で味を調え、バットにあける。

2 フライパンを熱してサラダ油少々を敷き、溶いた卵を流して*1*をのせ、オムライスのように包み込む。器に盛り、材料の調味料を合わせてひと煮したデミグラスソースをかけ、青海苔粉をふる。

1 めんはご飯と合わせやすくするため、細かく切る。

2 豚肉やエビ、キャベツなどを炒めたところへ、めんとご飯を加え、炒め合わせる。

3 焼きそばソースと酒、胡椒で調味したのち、バットにあけて冷ます。

4 油を敷いたフライパンに溶き卵を流し入れ薄く広げる。

5 半熟状になったら、中央に冷ましたそばめしをのせる。

6 フライパンの縁と箸を使って卵でくるみこみ、フライパンに返して皿にのせる。

グラタンうどん

和風イメージのうどんを、グラタンに仕立てて楽しく。ホワイトソースは市販のものでも十分ですが、よりクリーミーに作るならやはり手をかけたいところ。ほんの少量ですが、醤油を隠し味に使う点もポイント。

材料（1人前）

冷凍うどん…200g
エビ…4尾
マッシュルーム（缶詰）…40g
玉ねぎ…1/4個
黒くわい（缶詰）…30g
ヤングコーン…5本
ベーコン…2枚
バター…20g
濃口醤油・胡椒…各少々
パン粉…大さじ2
オリーブ油…小さじ1
パルメザンチーズ…大さじ1
パセリ…少々

◆ホワイトソース
（一人前）…300mℓ
牛乳…1000mℓ
小麦粉…70g
バター（有塩）
…100g
白ワイン…100mℓ
固形ブイヨン…1個
塩・胡椒…各少々

貝盛りうどんグラタン

食事だけでなく、酒のつまみとしても楽しめるようにしました。焼き上がったら、提供時に客前でブロックのパルメザンチーズを削って振るパフォーマンスが、贅沢感を高めます。

＊作り方は155頁

作り方

1 ホワイトソースを作る。牛乳は沸かしておく。別鍋に小麦粉を弱火で煎り、バターを加えて練り合わせ、白ワインと粉状にしたブイヨンを混ぜ、沸かした牛乳を少しずつ加えて練り、塩、胡椒で味を調える。

2 冷凍うどんは2～3分茹でて水分をきる。

3 エビは殻をむいて背ワタを取り、2つに切る。

4 玉ねぎは薄切りにする。黒くわいは4つに切り、ヤングコーンは2つに切り、それぞれ茹でる。

5 フライパンにサラダ油大さじ1を敷き、**3**～**4**とマッシュルームを炒め合わせ、うどんを加えて軽く炒め、バター、濃口醤油、胡椒で調味する。

6 耐熱皿に5を盛ってホワイトソースをかけ、オリーブ油を混ぜたパン粉を散らし、パルメザンチーズとみじん切りにしたパセリをふり、180℃に熱したオーブンで約12分ほど焼く。

おいしい鍋物・一品料理

山海うどんすき

魚介や野菜、うどんを一緒に煮ていくうどんすき。渡り蟹やカキ、エビ、カワハギ、ブリ、鶏肉と、煮込むほどにだしの出る材料を盛りだくさんに取り揃えました。いろいろな材料の味があいまった、旨みが凝縮されただしでうどんを煮ていきます。うどんがメインとなるので、しっかりとしただしをベースに、やや濃いめの味に仕立てます。

＊作り方は155頁

鴨鍋そば

野性的な鴨の味わいとそばは絶妙の組み合わせ。ここでは合鴨を使い、筍やせりなど、個性の強い野菜を組み合わせました。そばも、どっしりとした風味を持つ田舎そば系のそばなどがよく合います。昆布とムロ節、花カツオで取っただしに、濃口と淡口醤油を合わせて濃いめに味をつけただしで合鴨と野菜を煮て、これを食べ終わったのち、旨みたっぷりの汁でそばを食べていただきます。吸い口には山椒の香りを添えて。

おいしい鍋物・一品料理

＊作り方は156頁

甘鯛信州蒸し

よもぎそばを甘鯛で巻き、おろし山芋をかけて蒸し上げました。蒸すことで甘鯛と下に敷いた昆布の旨みが移り、そばもおいしくなります。おろし山芋のなめらかな口当たりも魅力です。めんつゆより薄く調えただしを張ります。

＊作り方は156頁

＊作り方は157頁

そばじょうよ寄せ

茶そばの中心にはおろし山芋にゼラチンを加えて流し込み、冷たく冷やしてお出しする前菜風の一品です。車エビと甘鯛を立体的に盛りつけて華やかな印象に。口当たりのよいオクラとろろとなめこを添え、かけだしを張って供します。

＊作り方は158頁

二色そば寿司

そばを海苔で巻いたそばずしは、酒のあとの食事やおしのぎ、酒肴としてもお出しできます。中の具は、ウナギのたれ焼きと厚焼き玉子、かんぴょう。もう一方は蟹と胡瓜、長芋。二色のそばで見た目にも楽しく、つけつゆを添えます。

寄せそうめん

梅・抹茶、黄身と三色の変わりそうめんをめんつゆゼリーで寄せて、前菜や口替わりの料理に。そうめんの間には、甘辛く炊いたエビそぼろとアナゴを挟んで味のアクセントにします。大葉と茗荷を針打ちにして添えます。

流し缶にそうめんとアナゴ、エビそぼろを重ね、ゼリー地を流して冷やし固める。

＊作り方は157頁

さっぱり葛めん

のど越しの爽やかな葛きりに八方酢をかけた、夏の椀物替わりの仕立てです。アワビとウニはともに片栗粉を打って茹で、なめらかな口当たりに。時季のじゅん菜をたっぷりのせます。

＊作り方は158頁

＊作り方は158頁

小田巻き蒸し

うどんを具にした茶碗蒸しで、食べ味楽しく具を取り揃えました。うどんはあらかじめ、割り醤油で下味をつけておくと味よく仕上がります。熱々の銀あんをかけてお出しします。

うどんシューマイ

シューマイの皮をうどんに変え、あんを包んだ創作めん料理。あんは好みのものに変えれば、メニューもバラエティー豊かに。冷凍保存もでき、すぐに出すことができる便利食材です。

1

豚ミンチなどのあんの具材を混ぜ合わせ、30～40ｇ大に丸くとる。

2

あんはラップの上にのせて包み、シューマイの形に丸める。

＊作り方は159頁

そば乃し海老巻揚げ

そばとアナゴ、厚焼玉子などを芯にした海苔巻を、さらに、のした車エビで巻いて揚げるご馳走の揚げ物料理。エビのおいしさがお客の舌を捉え、割烹の一品料理としてもお出しできます。

材料（1人前）

乾そば…1/2把
車エビ…2尾
焼アナゴ…15g
厚焼玉子…20g
三度豆…1本
焼海苔…1/4枚
もみじおろし…少々
わけぎ…少々
片栗粉…少々

◆天つゆ
だし…100㎖
濃口醤油…25㎖
みりん…25㎖

作り方

1 乾そばを輪ゴムで束ねて茹で、冷水で洗い、水を切って焼海苔の上に並べる。

2 厚焼玉子、焼アナゴ、茹でた三度豆を*1*にのせ、手前から巻き込む。

3 車エビをサッとゆがき、冷水にとって、頭と殻を剥く。腹開きにして片栗粉をつけ、ラップで挟み、擂りこぎで軽く叩きのばすし、*2*を巻き込む。

4 巻いたら、180℃の油で揚げ、食べやすい大きさに切って、器に盛りつける。天つゆをかけ、天にもみじおろしとわけぎを盛る。

1 腹開きした車エビに片栗粉つけ、ラップに挟んで軽く叩く。

2 焼海苔の上にそば、厚焼玉子、焼アナゴ、三度豆をのせる。

3 手前から巻き上げて、海苔が破れないようにきれいに巻く。

4 *1*ののした車エビの上に*3*の海苔巻をのせる。

5 ラップごとのした車エビを海苔巻に巻きつける。

6 車エビを巻きつけたら、ラップをはずす。

7 巻いた車エビがはがれないよう、細く切った海苔帯を巻く。

8 天ぷら粉はつけず、180℃に熱した油で*7*を揚げる。

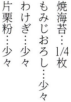

そうめん生春巻

人気のベトナム料理をそうめんを使って和風に仕上げました。そうめんの他、マグロ、厚焼玉子、穂じそ、黄菊…などの和風具材を使い、つけだれもごまだれ、そうめんだれをお出しします。

材料（1人前）

そうめん…1/2把
マグロ…30g
アボカド…1/8個
厚焼玉子…1/2個
貝割れ菜…適量
オニオンスライス…少々
大葉…2枚
黄菊…少々
穂じそ…3本
生春巻の皮…1枚
◆つけだれ
だし…90㎖
濃口醤油…30㎖
みりん…30㎖
練りごま…大さじ1
スイートチリソース…大さじ1

作り方

1 そうめんは束ねて1分間茹で、もみ洗いして氷水でしめ、水分をきる。

2 生春巻の皮を水にくぐらせて敷き、黄菊、穂じそを散らす。その上に大葉を並べ、そうめんを敷き、アボカド、厚焼玉子、マグロ、貝割れ菜、オニオンスライスをのせ、手前から巻く。

3 ひと口大に切って、器に盛りつけ、つけだれを添える。

1 黄菊を包丁で細かくきざみ、生春巻の皮の上にちらす。

2 大葉を並べて、そうめんなどの具材をのせ、手前から巻く。

そば アボカドディップサラダ

そばをアボカドディップソースと混ぜ合わせ、上にアワビ、生ウニ、イクラの醤油漬けを盛った豪華サラダメニュー。そばは水洗いして上げた後、めんつゆで一度洗うのがおいしさの隠しわざです。

材料（1人前）

乾そば…70g
生ウニ…30g
アワビ上身…30g
イクラ（スジコ）…25g
スプラウト…少々
黒胡椒…少々

◆アボカドディップ
アボカド…1/2個
ねぎ（みじん切り）…大さじ1
マヨネーズ…大さじ1
ポン酢…小さじ1
塩・胡椒…少々
レモン汁…少々

◆イクラ醤油漬け汁
だし…200㎖
濃口醤油…50㎖
みりん…50㎖
酒…50㎖
※すべてを合わせてひと煮立ちさせる

作り方

1 そばは茹でて冷水で洗い、水分をきり、そばつゆで洗って下味をつけておく。

2 アワビは蒸して柔らかくし、冷ましてから薄切りにする。

3 スジコは50℃の湯に漬け、2~3分置いてからほぐす。冷水で洗い、ザルに上げ、水分をきる。水分がきれたら、1/3量の漬け汁に15分漬けた後、ザルに上げ、水分をきり、本漬けにする。

4 熟れたアボカドを裏ごし、調味料を合わせて味を調え、*1*と和える。

5 器に*4*を盛り、アワビ、生ウニ、イクラを盛りつけ、スプラウトをあしらう。

熟れたアボカドは裏ごしし、クリーミーな味わいに仕上げる。

めんつゆで洗い下味をつけたそばとアボカドディップと和える。

＊作り方は159頁

うどんとピーナッツのキャラメル和え

うどんをあられ代わりに使い、ピーナッツ、銀杏をカラメルソースで和えた大人のデザート。余ったうどんを活用して、魅力の一品に仕上げることができます。

＊作り方は159頁

うどん三色かりんとう

黒ごま、青のり、桜エビ粉をうどんにまぶして揚げた、三つの味のかりんとう。170℃の油でカリッとなるよう芯までじっくり揚げるのが、コツです。

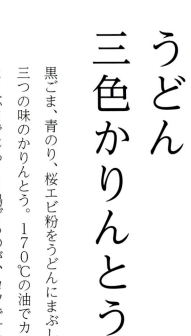

だし・つゆ・たれ

便利帳

そば、うどんなど、和風めん料理のだしや調味についてポイントとなることがらをまとめた。昆布をベースに節類や煮干しを併用して、旨みのしっかりしただしを引いたら、だしの風味を活かして味よく調えたい。

だし・つゆの材料について

だし 節類

めんのだしでは、ムロ節、ウルメ節、サバ節、宗田節など、しっかりとした味が出る節類が欠かせない。これらを混合した節でもよく、薄削りの場合には数分煮出すとよいだしが取れる。カツオ節は上品な風味が身上なので、最後に加えてさっとだしを引くようにする。

だし 昆布

昆布の旨みも不可欠で、節類や煮干し等を併用することで味わいが深まる。これは昆布の旨み成分のグルタミン酸が、節類や煮干しの旨み成分のイノシン酸と合わさることで、相乗効果により旨みが強く感じられるようになるため。昆布は水に浸したのち火にかける。

だし　煮干しなど

煮干しは種類が多く、それぞれ特有の風味と旨みがある。水に浸してから煮出すとだしが出やすいが、煮出しすぎると渋みも出てくるので注意。ほかに干し椎茸や干しエビなども風味のよいだしの取れる材料だが、味や香りのバランスを測り、上手に併せて使いたい。

調味について

汁やつゆの味は地域により好みに差がある。関西ではかけだしに淡口醤油を用い、めんつゆには濃口醤油と淡口醤油を併用することも多いが、これには味だけではなく、色の濃淡の好みなども含まれてくる。色の濃淡と塩分濃度は別なので、その点を留意して調味を。

そば・うどんのめんつゆ

節類の使い方で、だしのコクと旨みが変わる

だしで、そば・うどんの味が決まるといわれるほど重要なものです。主材料は昆布と節類ですが、カツオ節を主にして、どんな種類の節類を加えるかで味わいが変わってきます。たとえばサバ節はコクと旨みが強くなりますし、マグロ節は上品なコクが加わります。

そば用のだし

材　料
水…5カップ
昆布…10 g
ムロ節…20 g
花カツオ…15 g

作り方
水に昆布をつけて 30 分～1時間おいてから火にかけ、沸騰直前に昆布を引き上げ、ムロ節を加え2～3分加熱し、最後に花カツオを入れて火を止め、アクを除いて裏漉しする。

そば用のだし

うどん用のだし

材　料

水…5カップ

昆布…10 g

煮干し…15 g

ムロ節…15 g

花カツオ…15 g

作り方

水に昆布、頭とワタを除いた煮干しをつけて1～2時間おいて火にかけ、沸騰直前に昆布を引き上げ、ムロ節を加え2～3分加熱し、最後に花カツオを入れて火を止め、アクを除いて裏漉しする。

うどん用のだし

つけつゆ・かけつゆ

二種の〝めんつゆ〟で味わいを豊かにする

ざるそばや釜あげうどん等、めんをつけて食べる「つけつゆ」、そして具材と共につゆをかけて供する「かけつゆ」の二種のつゆを紹介。どちらのつゆも調味の配合は、そば、うどんとも共通だが、だしはそば用には節類の旨みを強め、うどん用には煮干しの風味を加えている。

つけつゆ

材　料

だし…5カップ

濃口醤油…200mℓ

たまり醤油…85mℓ

みりん…285mℓ

砂糖…小さじ1

作り方

だし（そば用、またはうどん用）と調味料を合わせ、ひと煮立ちさせて冷ます。冷蔵保存で4、5日持つ。

釜揚げうどん

熱々の釜揚げうどんに、おろし生姜とさらしねぎを添えて、すっきりとした味わいに。風味のしっかりした“つけつゆ”がめんの持ち味を引き立てる。

かけつゆ

材　料

だし…5カップ

濃口醤油…120mℓ

たまり醤油…50mℓ

みりん…170mℓ

砂糖…小さじ1

作り方

だし（そば用、またはうどん用）と調味料を合わせ、ひと煮立ちさせて冷ます。冷蔵保存で4、5日持つ。

海鮮山かけそば

トロ、エビ、鯛、イカ、イクラ、ウニと海鮮たっぷりの贅沢な山かけそば。上品な“かけつゆ”の風味で具もめんもおいしく楽しめる。（作り方は154頁参照）

めんつゆの作り方

うどん用のだしの引き方を例に〝めんつゆ〟の作り方を紹介。
醤油、みりん、砂糖などの調味料を加えたら、ひと煮立ちさせて仕上げる。

だしを引く

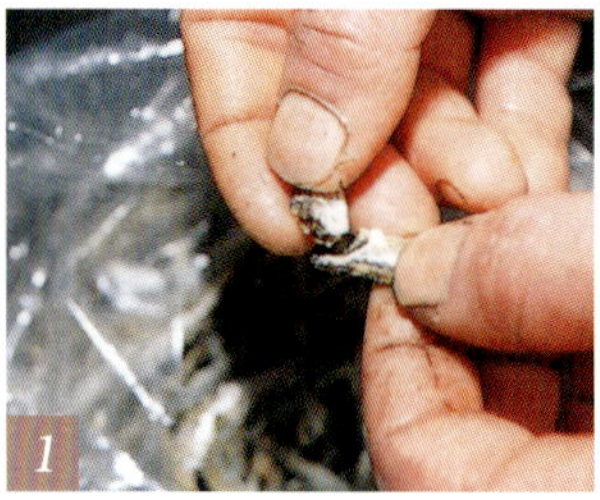

1 煮干しは頭とワタを取り除き、臭みが出るのを防ぐ。

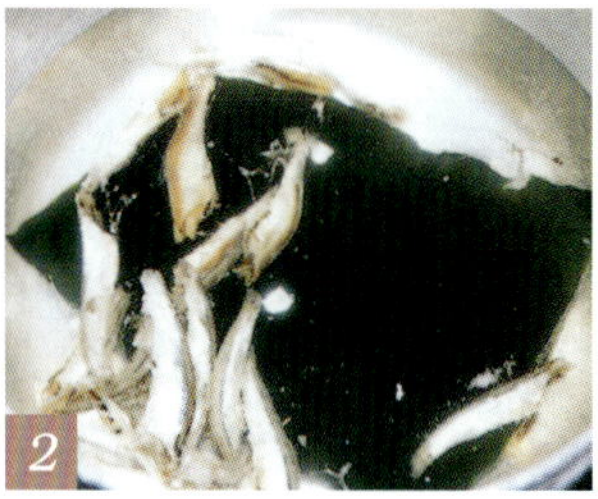

2 水に昆布と煮干しを入れ、そのまま1～2時間おく。

3 やや強めの火にかけ、沸騰直前に昆布を引き上げる。

4 ムロ節を加えたら、やや火を弱め、2～3分ほどに出す。

5 途中、出てくるアクは丁寧に取り除く。

6 花カツオを加えて火からおろし、アクを取り除く。

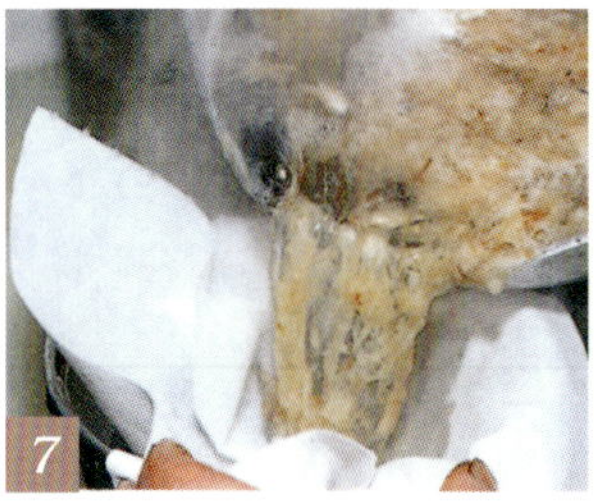

7 カツオ節が落ち着くのを待って、裏漉しする。

調味する

8 だしに調味料を加える。加える順序は気にしなくてよい。

9 醤油は、濃口のほか、たまり醤油を使用。

10 みりんを加える

11 砂糖を加える。

12 ひと煮立ちしたらできあがり。冷まして用いる。

めんつゆ

関東風かえしの作り方

醤油とみりん、砂糖を一緒に加熱した〝かえし〟を寝かせ、これにだしを合わせる〝つゆ〟の作り方を紹介。だしは厚削りの節類を三種使い、調味は122頁のめんつゆよりはやや辛めとし、いわゆる関東風の味に仕上げてみた。いずれのつゆも〝だし〟と〝かえし〟を合わせ、ひと煮立ちしてから使用する。

かえし

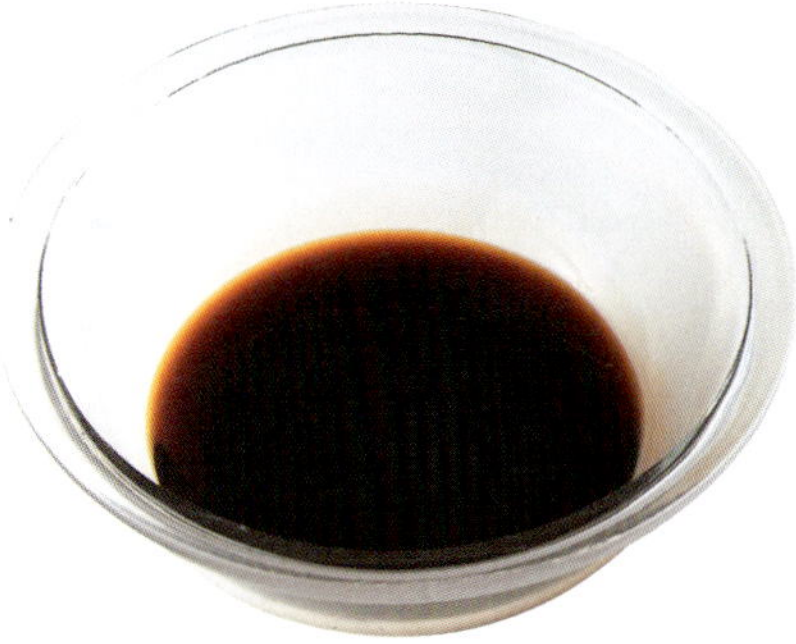

材　料

濃口醤油…5カップ

みりん…120㎖

砂糖…100 g

作り方

鍋にみりんを入れて煮切り、砂糖、濃口醤油を加えて軽く煮立たせ、アクを除いて火を止め、冷暗所に1～2週間寝かせてから使用する。

だし

材　料

水…10 カップ

昆布…10 g

カツオ節（厚削り）…50 g

サバ節（厚削り）…50 g

宗田節（厚削り）…50 g

作り方

水に昆布を入れてやや強めの火にかけ、沸騰寸前に昆布を引き上げる。節類を加えたら中火にして約 20 分煮出し、アクを除いて布漉しする。

関東風つけつゆ

ざるそば、ざるうどんなどに

材料
だし…5カップ
かえし…250㎖

関東風かけつゆ

山かけそば、おろしそばなどに

材料
だし…5カップ
かえし…170㎖

関東風かけだし

かけそば、かけうどんなどに

材料
だし…5カップ
かえし…120㎖

そば・うどんのかけだし

温かいそば・うどんに共通の〝かけだし〟

そばも、うどんも風味よく味わえる。〝かけだし〟で、幅広い具（種物《たねもの》）に合う。作り方は、水に昆布、頭とワタを除いた煮干しを入れて2～3時間おき、やや強めの火にかけて沸騰寸前に昆布を引き上げる。ムロ節を加えて2～3分煮出し、アクを除いて、花カツオを加える。火からおろして布漉ししたら、調味料と合わせ、ひと煮立ちさせる。

かけだし

材　料

◆だし
- 水…5カップ
- 昆布…10 g
- 煮干し…10 g
- ムロ節…20 g
- 花カツオ…15 g

◆調味料
- 塩…小さじ1
- みりん…大さじ1
- 酒…小さじ2
- 淡口醤油…大さじ 1/2

きざみうどん

だしの旨みがきいたかけだしに、油抜きしてきざんだ油揚げをのせて。関西ではポピュラーなひと品。

そうめんつゆ

干しエビや干し椎茸も使って繊細な旨みに

昆布、煮干し、干しエビ、干し椎茸を水に2～3時間つけ、風味を引き出した後、火にかけることがポイント。沸騰寸前に昆布を引き上げたら、ムロ節を加えて弱火で15～25分炊き、花カツオを加えて布漉しする。これをつゆの材料と共に火にかけ、ひと煮して仕上げる。

そうめん用のだし

材　料

水…5カップ

煮干し…10ｇ

干し椎茸…4ｇ

昆布…7ｇ

干しエビ…10ｇ

花カツオ…10ｇ

ムロ節…10ｇ

つけつゆ

材　料

だし…5カップ

濃口醤油…125mℓ

淡口醤油…125mℓ

みりん…250mℓ

かけつゆ

材　料

だし…5カップ

濃口醤油…50mℓ

淡口醤油…50mℓ

みりん…100mℓ

冷やしそうめん

暑い日にも食がすすむよう涼やかに仕立て、さらに彩りよく薬味を添えて、ご馳走のそうめんに。

タイの潮だし

鮮度のよいタイに塩を当て、旨みを煮出す

上品な、しっかりした味わいのだしで、温かいそうめん（にゅうめん）に仕立てることが多い。タイのアラは強塩をして1時間ほどおき、臭みを除くとともに、この塩気をだしに上手に引き出すことがポイント。温かいそうめん、冷や麦のほか、ビーフンなどの細いめんに向く。

タイの潮だし

材　料

鯛の頭・アラ…1尾分

水…15カップ

昆布…25 g

酒…30mℓ

淡口醤油…小さじ 1/2

頭は半分に割り、カマ、中骨、腹骨は適当な大きさに切る。強塩をして1時間おく。

タイ潮にゅうめん

タイのアラの旨みを存分に引き出しただしに酒と淡口醤油で薄い加減に調味。塩気を確かめてから味加減をする。（作り方は 69 頁参照）

作り方

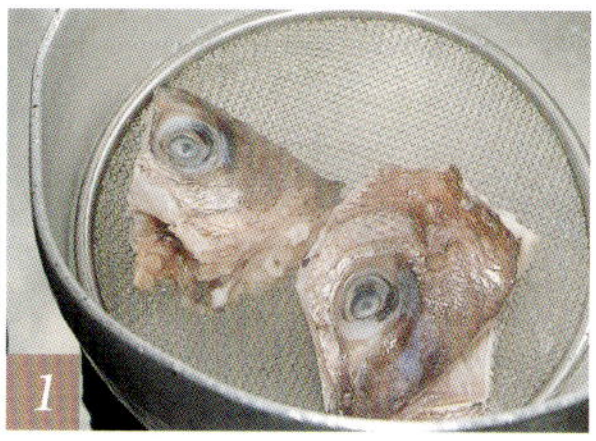
1 強塩をして1時間おいたタイの頭やアラはさっと熱湯に通す。

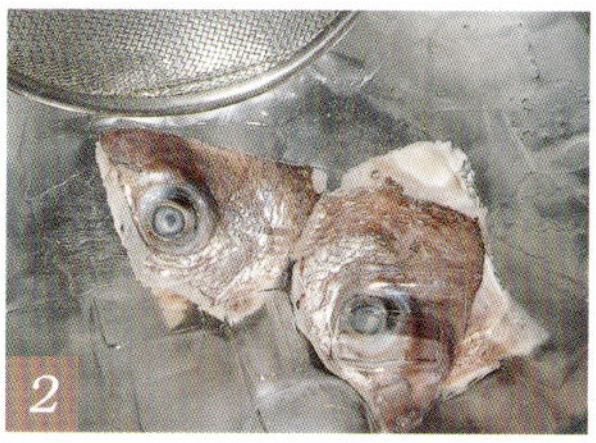
2 素早く氷水に取る。

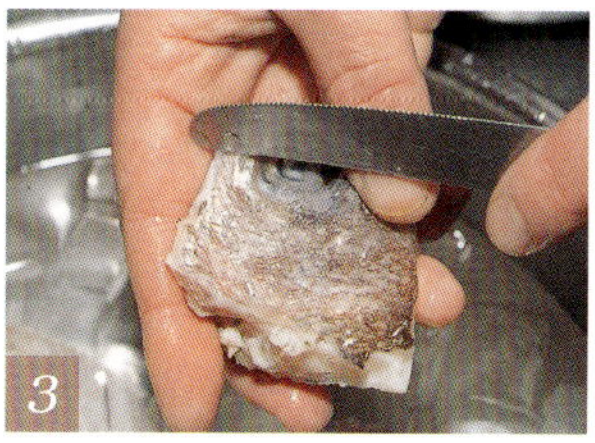
3 タイの頭にはウロコが残っていることが多いので丁寧に除く。

4 血合いなど、臭みのもととなる部分も丁寧に除く。

5 鍋に昆布、そうじしたタイの頭、アラ、水を入れて強火にかける。

6 途中、出てくるアクは取り除く。

7 沸騰寸前に昆布を引き上げ、中火にして、さらにアクを除く。

8 弱火で 20 ～ 30 分煮出し、旨みが出てから調味する。

9 酒、淡口醤油で調味。塩味が薄いようなら塩少々を足す。

タイの潮だしにシジミとエビをプラスしただし汁

タイの潮だしだけでも充分おいしいが、貝類や甲殻類などのだしを加えると、より複合的で個性豊かな風味に仕上がる。

1

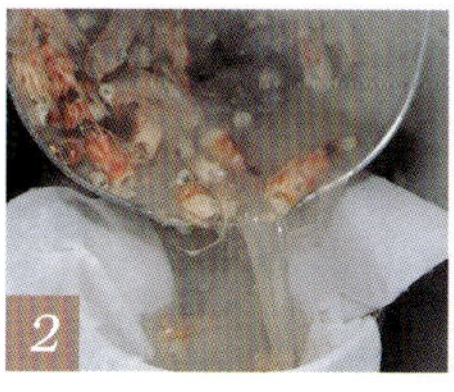
2

タイの潮だし（調味前の状態）に砂抜きしたシジミと車エビの頭を加えて煮出し、旨みが出たら漉す。

タイめん

茹でためんに、タイのそぎ身、ワカメをのせたら、熱々のだしをはって提供。タイの身にほどよく熱が入って美味。（作り方は 68 頁参照）

一番だし

だしがよく出る具には一番だしを合わせても

日本料理の基本となる一番だしは、上品な旨み、香りが身上で、めん類をおいしく味わうだしとしては少し物足りない面もある。ただし、うどんすきや鍋焼きうどんのように、だしの出る材料をたっぷり使う場合は、特にめん用のだしを引く必要はなく、一番だしでおいしく仕上がる。

一番だし

材　料

水…5カップ

昆布…15 g

花カツオ…20 ～ 25 g

昆布は水に 30 分ほどつけて火にかけ、沸騰直前に取り出す。

アクを除き、沸騰するのを待つ。

沸騰したら花カツオを加えて火を止める。

カツオが落ち着くのを待って、布漉しする。

鶏煮込みにゅうめん

一番だしに鶏肉を加えてすこし煮込み、コクのあるだしに。そば、うどんも同様に作るとよい。（作り方は 70 頁参照）

あごだし

焼き干しのトビウオは利用幅の広いだし材料

あごだしとはトビウオが原料のだしのことで、長崎から山陰地方にかけてよく使われるだし材である。魚臭が少なく、よいだしが取れるのが特徴で、うどんのだしのほか、和風ラーメンのだしにも活用されている。ここではトビウオを焼いてから干した〝焼きあご〟を使用している。

あごだし

材　料

水…5カップ
焼きあご…30 g
昆布…10 g
混合節…20 g

混合節はムロ節やサバ節、宗田節などを混ぜたものを使うとよい。

1
水に焼きあごと昆布を入れて、1～2時間おいて強火にかける。

2
沸騰寸前に昆布を引き上げる。

3
混合節を加え、弱めの火加減にて2～3分煮出す。

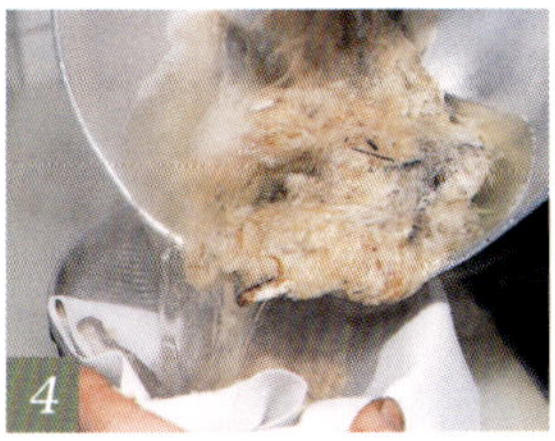

4
布漉しする。

和風つけめん

焼きあごのだしに鶏ガラスープを加えたあっさりめのつけだれは、酒のあとにも喜ばれる味わい。（作り方は 149 頁参照）

ハモだし

玉ねぎの甘みを加えて奥深い味わいをプラス

京阪の夏の献立に欠かせないハモ料理。その頭と中骨で取っただしで仕立てるめん料理も、やはり夏ならではの嬉しい味覚。そこに同じ時季が旬となる玉ねぎの甘みを加えることで味わいをまとめる。ハモは焼き霜をふってから用い、穏やかな風味に仕上げる。

ハモだし

材　料

水（一番だし）…400mℓ
ハモの頭・中骨…1尾分
玉ねぎ…1/4個

◆調味方法
淡口醤油…大さじ1/2
塩…小さじ1/3
酒、みりん…各小さじ1

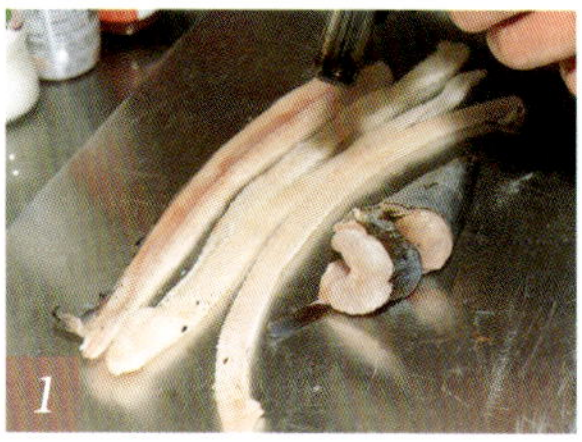

1 ハモの頭と中骨は焼き霜にする。ここではバーナーで焼き霜に。

2 水、または一番だしに1のハモと玉ねぎを加え、火にかける。

3 アクを除き、弱火にて15分ほど炊くと、よいだしが取れる。

4 だしの取れ方次第で、ムロ節や花カツオなどの節類を適宜打つ。

5 だしの旨みがまとまったら、布漉しし、好みの加減に調味する。

ハモ松茸にゅうめん

焼き霜のハモと松茸が具の晩夏から秋にかけてのご馳走のめん。松茸の芳香とハモの旨みが絶妙。（作り方は65参照）

スッポンスープ

深い旨みがある贅沢な味わいのだし

スッポンは少しクセのある食材で、さばき方から下ごしらえ、さらにはだしの引き方にもいろんなポイントがある。だしは特有の味わいがあるが、それだけでは濃厚なため、料理には一番だしで割って使うことが多い。ここではさばいたスッポンを前提にだしの引き方を紹介する。

スッポンスープ

材　料

スッポン
　…1尾（800 g）
水…1.5ℓ
酒…1.5ℓ
昆布…20 g

◆調味方法
スッポンスープ…400mℓ
一番だし…100mℓ
淡口醤油…小さじ11/2
酒…大さじ1
塩…小さじ 2/3
露生姜…小さじ1

スッポンスープにだしを加え、醤油、酒、塩で調味し、最後に露生姜をしのばせる。

1

2

さばいたスッポンは霜降りにしたのち、表面の薄皮をむき、黄色い脂肪の部分も除く。

3

鍋に昆布をしき、さばいた身、水、酒を入れて火にかける。

4

沸騰寸前に昆布を引き上げ、アクを除きながら、1/3 量になるまで煮出す。

スッポンの玉子は、さっと茹でてから具に使うとよい。

スッポンめん

スープを取った身のうち、足の身、エンペラ、玉子など 1/4 尾分を一人分の具に使用。ねぎと相性がよいので、焼きねぎと芽ねぎを添えて風味よくすすめる。

中華風汁そばのスープストック

鶏ガラのあっさり味と豚足を加えた例を紹介

中華風のめん料理は、中国の伝統的な料理からラーメン店の個性溢れるものまで、とても多彩で、それぞれ好みもわかれるところ。和食店では鶏のスープストックを料理に使うことも多いが、ここでは茹でた豚足を併せて使うことで、ラーメンなどにも合うよう仕立ててみた。

豚足と鶏ガラのスープ

材　料

水…20ℓ
鶏ガラ…1kg
豚足（茹でたもの）
　…1.5kg
鶏もも肉…2枚
土生姜…80ｇ
長ねぎ（青い部分）
　…5本分
酒…1ℓ

鶏もも肉は省いてもよく、充分コクのあるだしが取れる。

豚足
茹でてある豚足を使うと手間が省ける。豚骨を使う場合は一度茹でこぼす。

鶏ガラ
水洗いしたのち、熱湯で茹でて霜ふりにしてから使い、風味よく仕上げる。

鶏モモ
バーナーで焼き霜にして用いる。鶏もも肉だけでもよいだしが出る。

鶴林風ラーメン

調味料（濃口醤油大さじ1 1/2、酒小さじ1、塩、胡椒、旨み調味料各少々）を温めた丼に入れ、スープ400_を注ぎ、茹であげためんを入れ、ねぎ、メンマ、チャーシュー、焼き海苔を盛る。

鶏ガラスープ

材　料

水…2ℓ
鶏ガラ…1羽分
長ねぎ
（青い部分）…3本分
生姜…20ｇ
昆布…20ｇ
酒…200mℓ

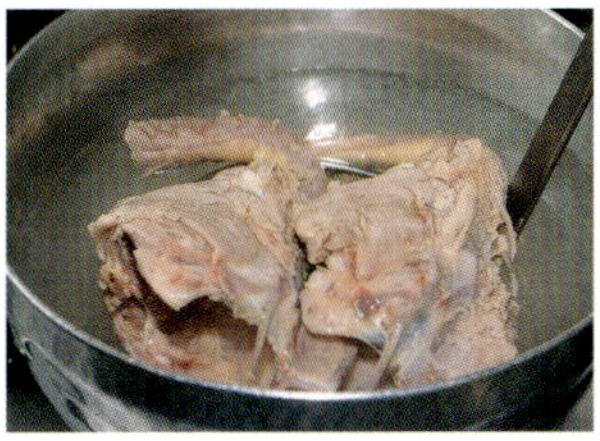

中華風のほか、和風のめんにも合うあっさりしたスープ。鶏ガラは水洗いして霜ふりし、昆布、水、ねぎ、生姜、酒とともに強火にかける。煮立ったらアクを除いて昆布を引き上げ、弱火にしてスープの量が半量になるまで煮出す。

鶏ガラを下茹でする

水洗いした鶏ガラを熱湯に入れ、表面に火が通ったら水に取る。

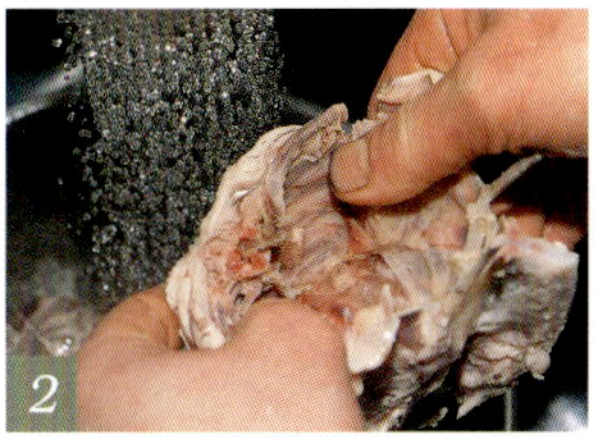

流水で洗いながら、血のかたまりや余分な脂肪分を取り除く。

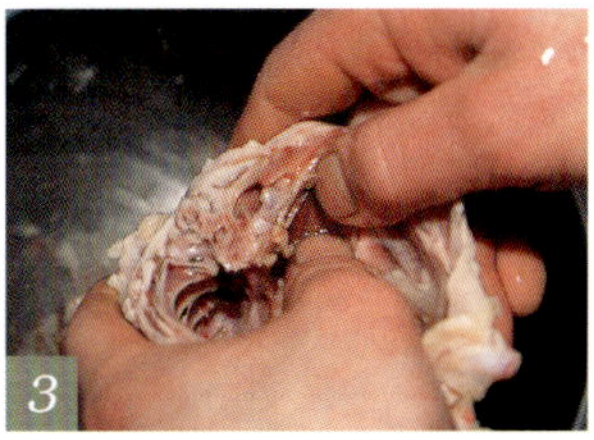

アクが出ないよう、骨の間の汚れなども丁寧に落とす。

鶏もも肉は皮側から焼し霜する

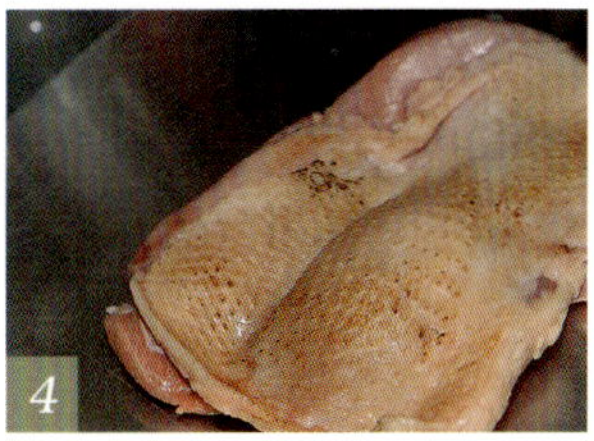

鶏もも肉は皮側、身側の両面を焼き霜にして使う。

スープストックをとる

鶏ガラ、豚足、鶏もも肉、へぎ生姜、ねぎ、酒を鍋に入れる。

まず強火にかけ、出てくるアクを丁寧に除く。

アクが出きったら、弱火にし、スープが半量になるまで煮出す。

炒め野菜ラーメン

玉ねぎ、人参、キャベツ、もやし、にら、ピーマン、椎茸と、野菜たっぷりのヘルシーめん。豚肉を炒め、野菜を炒め合わせたら、濃口醤油、酒、塩、胡椒であっさりめに調味し、風味づけにごま油を。スープの調味は右頁のラーメンと同様。

ごまだれ

三種の〝ごまだれ〟でめん料理の幅が広がる

めんつゆに練りごまを混ぜるだけで風味のよいコクのあるつけだれが仕上がる。ごまだれには色々なレシピがあるが、めん料理用にはここで紹介の三種があると、幅広いメニューに重宝する。練りごまはつゆの量に対し2割以内が適量。使いすぎるとコクが出すぎるので注意。

ごまだれ

ざるそばや釜揚げうどんなどに合う基本的なごまだれ。煎りごまは軽く当たるか、切りごまにして風味よく。料理によっては少し砂糖を加えてもよい。

材料

つけつゆ（122頁参照）…100㎖
練りごま…大さじ1
煎りごま…大さじ1～1.5

サラダ用ごまだれ

野菜もめんもおいしく味わえるごまだれで、マヨネーズとフレンチドレッシングを使うのがポイント。ポン酢醤油を加えてもよく、よりさっぱりとする。

材料

つけつゆ（122頁参照）…550㎖
練りごま…大さじ4
フレンチドレッシング…120㎖
マヨネーズ…大さじ2

コクのあるごまだれ

めんつゆと練りごまに味噌や香味野菜などを加えて作るコクのあるごまだれ。本書では「しゃぶしゃぶうどん」に添えたが、肉類だけでなく野菜にも好適。

材料

つけつゆ（122頁参照）…180㎖
練りごま…大さじ1
白味噌…40g
赤味噌…10g
おろし玉ねぎ…大さじ2
おろしりんご…大さじ2
マヨネーズ…大さじ1
ポン酢醤油…大さじ1
砂糖…小さじ1/2
一味唐辛子…少々

ごまだれの材料

ここで紹介のほか、おろし生姜、ラー油、豆板醤など、味のアクセントとなるものを好みで加えて、味わい豊かなごまだれに。

◆フレンチドレッシング

◆練りごま

◆めんつゆ

◆おろし玉ねぎ

◆ポン酢

◆マヨネーズ

◆味噌

◆おろしにんにく

◆おろしりんご

ごまだれ

ざるうどん

二種のつけだれで食べ味楽しく。うどんは太さによって味のからみが違ってくるので、練りごまの量を加減するとよい。

かき揚げ

材料の取り合わせで、魅力が広がるかき揚げ

天ぷらやかき揚げは、そば、うどんともによく合い、春の山菜や秋のきのこなど、季節感の演出にも格好のもの。かき揚げの場合、旬の材料を楽しく組み合わせることで、より多彩な味わいを供することができる。身近な材料で工夫したかき揚げは意外性があって喜ばれる。

かき揚げの衣

材　料

薄力粉…1カップ強　　卵黄…2個分
冷水…200㎖　　打ち粉…大さじ2

冷水に卵黄を溶き混ぜ、薄力粉を加えてざっくりと混ぜる。

かき揚げの手順

1
材料を切り調えたら、ボールに入れ、打ち粉をまぶす。

2
かき揚げの衣をつながるていどに加える。

3
適量ずつをスプーンなどでまとめて油に入れる。

4
175～180℃の油で、こんがりと揚げる。

黒豆とエビ、松茸のかき揚げそば

茹でた黒豆の枝豆、ぶつ切りのエビ、薄切りの松茸を取り合わせたご馳走感のあるかき揚げ。かけそばには黄柚子のみをあしらい、かき揚げの魅力を際立たせた。

玉ねぎ・じゃが芋・三つ葉

じゃが芋は太めのせん切りにして水にさらす。玉ねぎは2、3㎜厚さに切り、三つ葉は3、4㎝に切る。衣をつけて揚げる。

筍・ワカメ・木の芽

春らしい取り合わせ。茹で筍は薄切りにし、ワカメはかために戻して適当な大きさに切り揃える。木の芽とともにかき揚げにする。

ごぼう・人参・生椎茸・芹・チリメンジャコ

ごぼうはささがきにして水にさらし、人参は太めのせん切りに。芹は4㎝長さに切り、椎茸は薄切りにこする。ジャコとともに揚げる。

グリンピース・さつま芋・紅生姜

グリンピースは塩茹でし、さつま芋は1㎝角に切って水にさらし、かために下茹でする。紅生姜の水分をきって混ぜ、かき揚げに。

楽しい薬味・トッピング

そば、うどん、そうめん…をおいしく味わうには香辛料や香味野菜など、薬味の役割が大きい。辛みのもの、香りのもの、さらには食べ味や彩りを豊かにするもの。楽しさが広がるようトッピングの例も併せて紹介。

◆みょうが

小口切り、または一枚ずつはがして重ね、せん切りに。いずれも水にさらして使う。

◆長ねぎ

小口切りにしてそば、うどんの薬味に。水にさらすと、ほどよく辛みがとぶ。

◆大葉

特有の香気はそうめん、冷や麦に欠かせない。きざんだのち、水にさらして使う。

◆青ねぎ

そうめん、うどんに。小口切りや斜めの笹切りにして添えるが、色味の効果も。

◆オクラ

塩みがきして茹で緑色鮮やかに。小口切りのほか、たたいてとろろにしても美味。

◆大根おろし

おろしたのち軽く汁気をきって、そばには辛みの強い大根などもよく合う。

◆煎りごま

芳ばしい煎りごまを軽く当たるか、切りごまにして風味よくすすめる。

◆海苔

針海苔のほか、もみ海苔で。もみ海苔は袋に入ったままをもんでから使うと手軽。

◆おろし生姜

繊維をつぶすようにおろし、さらに庖丁でたたくと口当たりがよくなる。

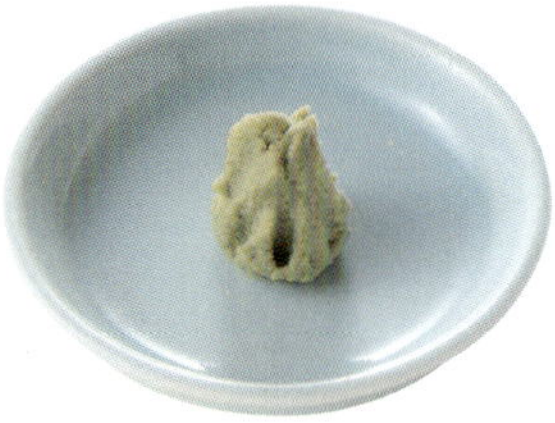

◆おろしわさび

茎の方から力を入れず円を描くようにおろす。食べる直前におろして風味よく。

◆エビ

茹でたエビは彩りもよく、つゆをかけて供するタイプのめん料理に重宝。

◆とろろ

山芋はおろした後、すりこ木でよくあたることでふんわりとした食感に仕上がる。

◆なめこ

水洗いしてぬめりを落とし、さっと茹でてから用いる。

◆油揚げ含め煮

油抜きしたのち、ゆっくりと味を含ませて炊く。やや甘辛の味が合う。

◆黄柚子

黄柚子、青柚子のどちらも特有の香りが喜ばれる。

◆花わさびの醤油漬け

冷たいそば料理におすすめ。醤油漬けのほか、加減酢に漬けた花わさびも合う。

◆汲み上げ湯葉

とろろ芋をつなぎとして少し加えるとおいしい。かけつゆとともにめんにのせて。

◆茄子

茄子を焼くか揚げるかしたのち、皮をむいて食べよく切って添える。そうめんに。

◆花カツオ

温かいそば、うどんにひとつまみ加えて風味を添える。ゆらゆら揺れる様も楽しい。

◆ワカメ

磯の香と特有の歯ざわりがアクセントに。かたい茎を除き、大きさを揃えて切る。

◆椎茸の万年煮

そうめんの具の定番。時間をかけてじっくり炊いて味を含ませることがポイント。

◆イクラ

めんつゆをかけて供するそば、うどんに彩りを添える点も魅力。

◆錦糸卵

彩りがよく、ふんわりした味わいで喜ばれる。黄身を多めにすると色鮮やかに。

◆温度卵

卵を 67 ~ 69℃の湯につけて 20 ~ 25 分ほどおき、水にとって冷ます。

◆黒豆納豆

挽き割り納豆やたたき納豆にして、めんとのなじみをよくしてすすめる。

風味のよい天かす

天かすは、めん料理にほんの少量加えるだけでコクが増して重宝する。カレー粉や桜エビ、青海苔風味の天かすなど、ほんのひと工夫だが、めんに加えたとき、彩りもより、食べ味も楽しく仕上がる。

◆青海苔風味天かす

青海苔を混ぜた天かすは、香りか豊か。

◆桜エビ風味天かす

小ぶりの桜エビを使用。細かく刻んで用いても。

◆カレー風味天かす

天ぷら衣にカレー粉を混ぜてスパイシーな天かすに。

天かすうどん

風味のよい天かすをトッピングしで、コクを足すだけでなく、香りや彩りも楽しく。

めんの茹で方のポイント

めんの料理では、めんの味わいがやはり大切。本書で多用したそば、うどん、そうめんなどの乾麺類について、茹で方のポイントをまとめてみた。

そうめんの茹で方

1
めんに対してたっぷりの沸騰した湯を用意することが大切。

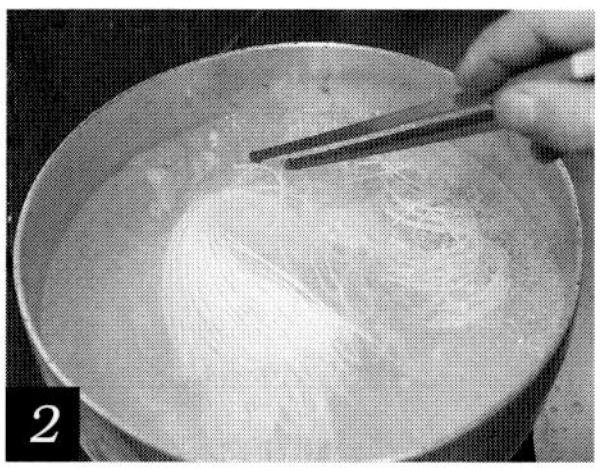
2
めんがしなったら、箸でさばきながら茹で、くっつきを防ぐ。

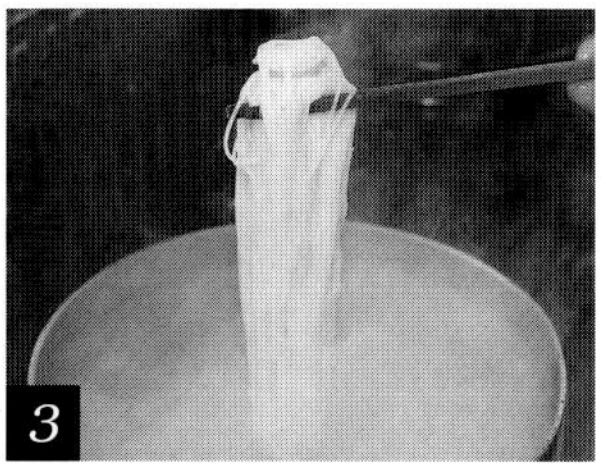
3
温かいめん料理に使う場合、やや短めの茹で時間にする。

4
手早く冷水で洗い、加熱を防ぎ、ぬめりや油分などを落とす。

❖めんを茹でるには、たっぷりめの沸騰した湯を用意し、パラパラとほぐし入れ、くっつかないよう箸でさばきながら茹でる。茹でている間は、吹きこぼれない程度の火力を保ち、表示の時間を目安に好みの加減に茹で上げる。めんを茹でる際に、差し水をすると、温度が下がりやすいので注意。

❖温かくして食べる場合や煮込む場合には、少しかための加減に茹で上げる方がよいものが多い。

❖茹で上がっためんは、手早く冷水に取って水洗いする。水分をよくきることで、のびるのをいくらか防ぐことができる。

❖めんの茹で方は、ほかの調理との兼ね合いも重要。めんの茹で時間と薬味や具、つゆなどの準備に必要な時間を考慮し、めんがおいしい状態で供したい。

❖そうめん、そばなどのめんを揃えて盛りたい場合、端の部分を輪ゴムで束ねて茹でるとよい。冷水で洗ったのち、輪ゴムごと切り落とし、盛りつける。糸で結ぶと、茹でるうちにめんが膨張して切れることもある。輪ゴムには弾力性があるが、あまりきつく止めないようにする。

「麺・めん料理」大全 材料と作り方

オクラとろろそば

＊カラー10頁

■**材　料（1人前）**

茶そば（乾麺）…50g／オクラ…6本／卵…1個／白ねぎ…1/4本／わさび…少々

◆そば用のかけつゆ（P311参照）…100㎖

■**作り方**

1　オクラは塩みがきしてさっと茹でて、冷水に取り、縦に切って種を除く。かけつゆ少々とともにミキサーにかけて、オクラとろろにする。

2　温度卵を作る。卵は67～69℃の温度の湯に20～25分つけたのち、水に取って冷やす。

3　茶そばは表示の時間通りに茹で、冷水で洗って、水分をきる。

4　椀に茶そばを盛り、**1**のオクラとろろをのせて、かけつゆを張り、温度卵を盛る。小口切りにして水にさらしたねぎ、おろしわさびを添える。

千草サラダ

＊カラー11頁

■**材　料（1人前）**

茶そば（乾麺）…100g／大根、胡瓜、セロリ、人参、黒皮南瓜…各20g／長芋…30g／錦糸卵…卵1/2個分／サニーレタス…2枚／花付き胡瓜…1本／ラディッシュ…少々

◆サラダ用ごまだれ（138頁参照）…40㎖／ポン酢醤油…10㎖

■**作り方**

1　野菜はそれぞれ針打ちにし、長芋以外を水にさらして水分をきる。

2　茶そばは表示通りに茹でて冷水で洗い、水分をきる。

3　茶そばと**1**の野菜、錦糸卵、薄切りのラディッシュ、花付き胡瓜を盛り、サラダ用のごまだれにポン酢醤油を混ぜたたれを添える。

◎**覚書き**

黒皮南瓜は繊維がしっかりしていて、サラダや刺身のつまなど生食に向く。

カキみぞれそば

＊カラー12頁

■材　料（1人前）

茶そば（乾麺）…100g／生カキ…120g／白髪ねぎ…15g／三つ葉…2本／柚子、おろし生姜…各少々

◆みぞれだし

かけだし（128頁参照）…400㎖／大根おろし…200g／水溶き片栗粉…大さじ4

■作り方

1 生カキは大根おろしで洗う。

2 白髪ねぎは水にさらす。三つ葉の軸と柚子は5㎝長さの針打ちにし、水気をきった白髪ねぎと混ぜておく。

3 茶そばは表示通りに茹で、冷水に取って手早く洗い、水分をきる。

4 みぞれだしを作る。かけだしを沸かしてカキを入れ、カキが丸くふくれてきたら大根おろしを加え、水溶き片栗粉を引く。

5 器にかけだしに通して温めたそばを盛り、みぞれだしを張ってカキをのせ、2を天に盛り、おろし生姜を添える。

白魚そば

＊カラー13頁

■材　料（1人前）

茶そば（乾麺）…80g／シラウオ…50g／菜の花…3本／柚子…少々

◆かけだし（128頁参照）…400㎖

■作り方

1 シラウオは酒、塩をふって約2分間強火で蒸す。

2 菜の花は塩を加えた熱湯で色よく茹でる。

3 茶そばは表示通りに茹で、冷水で洗って水分をきる。

4 器にかけだしをくぐらせて温めた茶そばを盛り、かけだしを張り、シラウオと菜の花をのせ、針柚子を添える。

湯葉うどん

＊カラー14頁

■材　料（1人前）

稲庭うどん…80g／汲み上げ湯葉…120g／ごま豆腐…50g／百合根…20g／生ウニ…30g／三つ葉…3本／わさび、針海苔…各少々

◆うどんだし

水…5カップ／花カツオ…15g／昆布…10g／ムロ節…20g／淡口醤油…140㎖／みりん…120㎖／砂糖…小さじ1 1/2／酒…大さじ1

■作り方

1 うどんだしを作る。水に昆布を入れ、1～2時間おいてから火にかけ、沸騰寸前に昆布を引き上げ、ムロ節を入れて2～3分加熱し、花カツオを入れて火を止め、アクを取って漉す。調味料を加えてひと煮立ちさせる。

2 鍋にうどんだし50㎖と汲み上げ湯葉、裏漉しにかけたごま豆腐を加えて加熱し、茹でた百合根を加える。

3 稲庭うどんは表示通りに茹で、手早く冷水で洗い、水分をきる。

4 温めた器に、うどんだしを通して温めた稲庭うどんを盛り、うどんだし100㎖を張って2をのせ、3㎝長さに揃えた茹で三つ葉と生ウニ、針海苔を天にあしらう。

田舎味噌煮込み

＊カラー15頁

■材　料（1人前）

手打ちうどん（生麺）…150g／鶏もも肉

…50g／大根…40g／人参…20g／里芋…3個／ごぼう…30g／こんにゃく…1/5丁／しめじ…1/5パック／せり…1/5把／柚子胡椒…少々

◆味噌だし

一番だし（132頁参照）…500㎖／信州味噌…70g／酒…大さじ1

■作り方

1 鶏もも肉はひと口大にそぎ切りにし、酒少々をふって霜ふりする。

2 大根と人参は皮をむき、4㎝長さの拍子木切りにして茹でる。

3 里芋は六方にむいて輪切りの3等分にし、ごぼうは乱切りにする。それぞれを米のとぎ汁で茹でる。こんにゃくは4㎝長さの拍子木に切って茹でる。

4 しめじは石づきを除いて食べよくさばき、せりは4㎝長さに切り揃える。

5 鍋に一番だしを入れて火にかけ、1~3と手打ちうどんを入れて煮、火が通ったらしめじを入れ、味噌を溶き入れる。しばらく煮込んでからせりを入れ、酒を加えて仕上げる。

6 器に盛り、柚子胡椒を天に盛る。

和風肉味噌そば

＊カラー16頁

■材料（1人前）

中華生めん（平打ち麺）…130g／胡瓜…1/2本／もやし…120g／カシューナッツ（ローストしたもの）…少々

◆肉味噌

豚挽き肉…80g／干し椎茸（戻したもの）…1枚／茹で筍…30g／白ねぎ（みじん切り）…大さじ1／にんにく（みじん切り）…小さじ1／練り味噌…50g／鶏ガラスープ137頁参照）…150㎖／ごま油…小さじ1／水溶き片栗粉…大さじ1

■作り方

1 肉味噌を作る。フライパンにサラダ油少々を敷き、豚挽き肉を炒めて水分をとばしたら、あられに切った干し椎茸と筍、ねぎ、にんにくを加えて炒め合わせる。そこに練り味噌とスープを注ぎ、水溶き片栗粉を溶き入れ、仕上げにごま油を加える。

2 胡瓜は塩みがきしてせん切りにする。もやしはそうじしてから湯がく。

3 めんは表示通り茹で、水分をきる。

4 温めた器にめんを入れ、肉味噌をかけ、もやし、胡瓜を盛り、粗く刻んだカシューナッツを散らす。

◎練り味噌の材料と作り方

赤味噌…400g／水…1 1/4カップ／砂糖…250g／濃口醤油、酒…各20㎖／鍋に調味料と水を合わせ入れてよく混ぜ、焦がさないよう弱火で15分ほど練り込む。

韓国風和えめん

＊カラー17頁

■材料（1人前）

韓国冷めん用麺…150g／タコの足（茹でたもの）…80g／胡瓜…80g／白髪ねぎ…15g／糸唐辛子…少々

◆コチュジャンたれ（1人前90g）／コチュジャン…50g／白味噌…150g／信州味噌…30g／酢…大さじ4／濃口醤油…大さじ2／砂糖…大さじ2／みりん…大さじ1／レモン汁…大さじ1

■作り方

1 タコの足は縦半分に切り、薄く斜め切りにする。胡瓜は小口切りにし、立て塩につけてしんなりとさせ、水洗いして水分をしぼる。

2 コチュジャンたれの材料をよく混ぜ合わせておく。

3 めんは表示通りに茹で、冷水で洗って水分をきる。

4 めんとタコ、胡瓜を、コチュジャンたれで和えて器に盛り、白髪ねぎと糸唐辛子を天に盛る。

和風つけめん

*カラー18頁

■材料（1人前）

中華生麺（ちぢれ麺）…60g／車エビ（35g程度）…1尾／半熟卵…1/2個分／椎茸の万年煮…1枚／えのき茸…1/8袋／絹さや…2枚／切りごま…少々

◆つけつゆ…1人前100㎖

スープ［水…5カップ／焼きあご…30g／昆布…10g／混合節…20g／鶏ガラスープ（市販品）…大さじ1］

調味料［みりん…200㎖／濃口醤油…200㎖／砂糖…小さじ1］

■作り方

1 つけつゆ用スープを作る。水に焼きあごと昆布を入れ、1～2時間おいて火にかけ、沸騰寸前に昆布を引き上げ、混合節を加えて2～3分煮出す。漉してから鶏ガラスープを混ぜる。

2 つけつゆを作る。鍋にみりんを入れて火にかけ、ひと煮立ちしたら濃口醤油と砂糖を加える。冷ましてから1のスープと混ぜる。

3 めんは表示通りに茹で、冷水に取って水分を切る。

4 車エビは背ワタを取って塩茹でし、殻をむく。半熟卵は半分に切る。椎茸の万年煮は薄切りにする。えのき茸はさっと茹でる。絹さやは塩茹でして薄く塩をふる。

5 器に氷を敷いてめんを盛り、3、4を彩りよくのせ、切りごまをふり、つけつゆを添える。

◎椎茸の万年煮の作り方

干し椎茸100gは水7カップにひと晩つけて戻し、石づきを除く。戻し汁を漉し（5カップ見当）、戻した椎茸、酒1カップとともに中火で15分ほど炊いたら、砂糖60gを加えて10～15分炊く。次いで濃口醤油50㎖を入れて20分ほど炊き、煮汁がひたひたになったら火を弱め、たまり醤油とみりん各30㎖を加え、煮汁がなくなるまでさらに20分ほど炊く。

葱油めん

*カラー19頁

■材料（1人前）

そうめん…1把／白ねぎ…1本／生姜（みじん切り）…小さじ1／糸唐辛子…少々／サラダ油…大さじ1／ごま油…大さじ1/2

たれ［濃口醤油…小さじ2／みりん、レモン汁、ナンプラー…各小さじ1］

■作り方

1 そうめんは端を輪ゴムで束ね、2分間茹で、冷水に取って手早く水洗いし、水分をきる。

2 白ねぎは縦に庖丁を入れて芯を取り出す。外側は5㎝長さに揃えて白髪ねぎにする。芯は170℃の油で揚げ、中の旨みの部分をしごき取って、たれの材料と混ぜ合わせる。

3 器にそうめんを盛り、白髪ねぎと生姜を天に盛り、サラダ油とごま油を煙が出るまで熱し、そうめんにかけ、糸唐辛子をあしらう。2のたれとともに全体を混ぜてからすすめる。

春キャベツの焼きうどん

*カラー20頁

■材料（2～3人前）

冷凍うどん…200g／春キャベツ…120g／人参…30g／玉ねぎ…1/4個／ピーマン…1個／生椎茸…1枚／豚バラ肉（薄切り）…80g／イカゲソ…60g／花カツオ…ひとつまみ

◆調味料

濃口醤油…大さじ2/3／オイスターソース…大さじ1/2／ウスターソース…小さじ1／酒…大さじ1／塩・胡椒…各少々／サラダ油…大さじ1/2

■作り方

1 冷凍うどんは2分ほど茹で、水分をきる。

2 キャベツは色紙切りにし、人参はいちょう切りにする。玉ねぎは5㎜幅の薄切りにし、ピーマンは1㎝幅の縦切りにする。生椎茸は薄切りにする。

3 豚肉は食べよい大きさに切る。イカゲソはそうじをし、食べよい大きさに切る。

4 フライパンにサラダ油を敷いて豚肉を炒め、色が変わったら2のキャベツ、人参、玉ねぎ、椎茸を加えて炒める。うどんを入れて炒め合わせたらピーマンを加える。塩、胡椒をし、酒を鍋肌に入れてしばらく炒め、残りの調味料を加えて混ぜる。

5 器に盛り、花カツオを天盛りにする。

水菜のあんかけそば

＊カラー21頁

■材　料（1人前）

中華めん（生蒸し麺）…１５０g／水菜…１００g／茹で筍…30g／人参…30g／生椎茸…15g／きくらげ…15g／エビ（むき身）…3尾／ホタテ貝柱…2個／スルメイカ（上身）…50g

◆あんかけだし

だし…３００㎖／濃口醤油、酒…各大さじ2／みりん…大さじ1／塩・胡椒…各少々／水溶き片栗粉…大さじ1/2

■作り方

1 生蒸し麺はほぐし、サラダ油大さじ1を熱したフライパンでキツネ色になるまで両面を焼く。

2 水菜は4～5㎝長さに切り揃える。

3 茹で筍は薄切りにし、人参は短冊切りにする。生椎茸はいちょう切りにする。きくらげは戻したものを用意し、細切りにする。

4 エビは殻をむいて背ワタを除き、3つに切る。ホタテ貝柱は4つに切る。スルメイカはそぎ切りにする。

5 あんかけだしのだしと調味料を鍋に合わせ入れて火にかけ、3の野菜を入れて火を通したら、水菜とエビ、ホタテ貝柱、スルメイカを入れる。ひと煮立ちしたら塩、胡椒で味を調え、水溶き片栗粉でとろみをつける。

6 温めた器にめんを盛り、あんをかける。

ハマグリと菜の花のスープパスタ

＊カラー22頁

■材　料（1人前）

スパゲティ…１００g／ハマグリ（砂を吐かせたもの）…8個／菜の花…5本

◆スープ

水…４００㎖／昆布…8g／酒…１００㎖／塩、淡口醤油…各小さじ1/4

■作り方

1 スパゲティは塩を加えた熱湯で表示通りに茹でる。

2 菜の花は塩茹でし、冷水に取る。

3 鍋に昆布を敷き、ハマグリ、水、酒を入れて火にかけ、沸騰寸前に昆布を引き上げる。ハマグリの口が開いたら、塩と淡口醤油で調味し、スパゲティと菜の花を加えて火を止め、温めた器に盛る。

◎覚書き

ハマグリの砂を吐《は》かせる時、塩分が強いとスープの味に影響する。また、煮すぎると身が縮んで固くなるので注意。

ホタルイカとそら豆のパスタ

＊カラー23頁

■材　料（1人前）

スパゲティ…１００g／ホタルイカ（ボイルしたもの）…１００g／そら豆…50g／茹で筍…50g／カラスミ（粉状）…大さじ2

◆調味料
サラダ油…大さじ1/2／タカの爪…2本／にんにく（みじん切り）…小さじ1／バター…10g／スパゲティの茹で汁…100㎖／塩・胡椒…各少々

■作り方

1 ホタルイカは軟骨と目、口を骨抜きで取る。

2 そら豆は薄皮をむいて、立て塩に30分ほどつけた後、強火で1分間蒸す。

3 茹で筍は薄切りにする。

4 スパゲティは塩を加えて表示通りに茹でる。茹で汁は取りおく。

5 フライパンを熱してサラダ油を敷き、小口切りにしたタカの爪とにんにくを軽く炒めたら、スパゲティとバターを入れ、ホタルイカ、筍も加えて炒める。そら豆とスパゲティの茹で汁100㎖も混ぜ、塩、胡椒で調味する。

6 おろし金かフードカッターで粉状にしたカラスミをふって供する。

そばミニ会席

＊カラー24頁

■材料（1人前）

●先付け／そば寿司
信州そば（乾麺）、茶そば（乾麺）…各30g／すし酢…適量／焼き海苔…1枚／マグロ…40g／割り醤油…少々／焼きアナゴ…1/2尾／胡瓜…1/4本／そば用のつけつゆ（122頁参照）…400㎖／おろしわさび…少々

●椀物／そば茶巾の白味噌仕立て
そば茶巾饅頭（水…500㎖／酒…100㎖／そば粉…30g／葛粉…50g／おろし蓮根…50g／塩、淡口醤油…各少々）／一番だし（132頁参照）…150㎖／白味噌…35g／鴨ロース煮…1枚／菜の花…1本／溶き辛子…少々

●向付／鮮魚の盛り合わせ
トロ角造り…20g／カツオ焼き霜造り…20g／タイ皮霜造り…20g／剣先イカ巻き造り…15g／大葉…1枚／花付き胡瓜…1本／芽じそ、おろしわさび…各少々／すだち…1/4個／造り醤油、ポン酢醤油…各適量

●蒸し物／甘鯛の信州蒸し
信州そば（乾麺）…50g／アマダイ…80g／おろし山芋…50g／そば米…少々／生ウニ…30g／わけぎ…2本／紅葉おろし…少々／かけだし（だし8、濃口醤油1、みりん1合わせたものにムロ節を打って漉したもの）…適量

●ご飯／そば米雑炊
そば米…40g／吸い地八方だし…適量／ご飯…40g／アジ干物…30g／梅干し…少々／茗荷…1/2本／大葉…1枚

■作り方

1 そば寿司を作る。信州そばと茶そばは輪ゴムで束ねて茹で、冷水で洗い、水分をきってすし酢で洗う。焼き海苔に信州そばをのせ、づけにしたマグロを芯に細巻きにする。一方の茶そばは焼きアナゴと胡瓜を芯にして細巻きにする。食べよく切って器に盛り、わさび、つゆを添える。

2 そば茶巾の白味噌仕立てを作る。鍋に水と酒、そば粉、葛粉、おろし蓮根を合わせ、約15分ほど中火で練り、塩、淡口醤油で味を調える。これをラップにのせて茶巾にしぼり、冷ましてから葛粉をつけ、油で揚げる。椀にそば茶巾を盛り、鴨ロース煮と塩茹でした菜の花をのせ、溶き辛子を添え、白味噌を溶いただしを張る。

3 鮮魚の盛り合わせを作る。器にぶっかき氷を入れて大葉を敷き、トロ角造りとカツオ焼き霜造り、タイ皮霜造り、剣先イカ巻き造りを盛り合わせ、花付き胡瓜と芽じそ、おろしわさび、すだちを添える。別に造り醤油とポン

酢醤油を添える。

4 甘鯛の信州蒸しを作る。信州そばは輪ゴムで束ねて茹で、冷水で洗い、水分をきったら、輪ゴムの部分を切る。アマダイはひと塩しておき、茹でたそばを巻いて酒をふり、5～6分ほど蒸し、おろし山芋と戻したそば米をかけ、さらに2分ほど蒸す。生ウニと小口切りのわけぎ、紅葉おろしを天盛りにし、かけだしを張る。

5 そば米雑炊を作る。吸い地八方だしを沸かし、戻したそば米と洗ったご飯を入れてひと煮立ちさせ、焼いたアジの干物の身をほぐして混ぜ、叩いた梅干しを加えて火をとめる。椀に雑炊を盛り、針茗荷と大葉を添える。

◎そば米の戻し方

そば米は水に1時間ほどつけたのち、水から火にかけて茹でこぼす。これを2度繰り返してやわらかくする。

◎そば用のすし酢

酢100㎖、水100㎖、砂糖60g、塩20gを火にかけ、砂糖と塩が溶けたら（約70℃）火からおろす。

うどん点心

＊カラー26頁

■材料（1人前）

●カツオ焼き霜造り

カツオ（おろし身）…150g／スライスにんにく、おろし生姜、白髪ねぎ、ラディッシュ…各少々／ポン酢醤油…30㎖

●アユの塩焼き

アユ…1尾／茗荷（甘酢漬け）…適量

●鴨ロース煮

鴨ロース…2枚／煮汁（だし、濃口醤油、酒、みりん、砂糖）…適量／青味大根…1本／金山寺山椒味噌…適量／溶き辛子…少々

●イイダコの八方煮

イイダコ…1/2ハイ／八方だし…適量

●筍の含め煮

茹で筍…20g／煮汁（淡口醤油、酒、塩、みりん）…適量

●長芋の含め煮

長芋…30g／吸い地八方だし…適量

●車エビの芝煮

車エビ…1尾／煮汁（だし6、酒1、淡口醤油1、みりん1の割合で合わせたもの）…適量／オクラ…2本／吸い地八方だし…少々

●タイの子と白子の含め煮

タイの子と白子…各20g／甘八方だし…適量／木の芽…少々

●筍とうどの木の芽和え

茹で筍、うど…各10g／吸い地八方だし…適量／木の芽味噌…適量／花びら百合根…1枚

●車エビとそら豆のかき揚げ

車エビ…1尾／そら豆…8個／かき揚げの衣（140頁参照）…適量

●釜揚げうどん

冷凍うどん…200g／うどん用のつけつゆ（122頁参照）…80㎖／さらしねぎ、おろし生姜…各少々

■作り方

1 カツオの焼き霜造りを作る。カツオは金串を打って塩をふり、皮目より焼いて冷水に取り、水分をきって引き造りにする。器に盛って薬味類を天盛りにし、ポン酢醤油を添える。

2 アユの塩焼きを作る。アユは登り串を打ち、化粧塩をして塩焼きにする。甘酢漬けの茗荷を添える。

3 鴨ロース煮を作る。鴨ロースは金串を打ち、フライパンで皮目をよく焼き、だしと調味料を合わせた煮汁で煮込む。3㎝厚さに切り、

溶き辛子をのせる。青味大根に金山寺山椒味噌を添えたものを盛り合わせる。

4 イイダコの八方煮を作る。イイダコは頭と足を切り分け、熱湯をかけて霜ふりする。八方だしに頭を入れて煮含め、足はあとから入れてさっと煮る。

5 筍の含め煮を作る。茹で筍は煮汁の調味料で含め煮にする。

6 長芋の含め煮を作る。長芋は皮をむき、みょうばん水につけて色どめし、水洗いしてから米のとぎ汁で茹でる。再度水洗いし、吸い地八方だしで含め煮にする。

7 車エビの芝煮を作る。車エビは背ワタを抜き、煮汁の材料でさっと煮上げる。オクラは塩みがきして茹で、縦半分に切って種を取り、吸い地八方だし少々とともにミキサーにかけ、車エビの芝煮にのせる。

8 タイの子と白子の含め煮を作る。タイの子と白子は適当な大きさに切って霜ふりし、甘めの八方だしで煮含め、木の芽をあしらう。

9 筍とうどの木の芽和えを作る。茹で筍とうどは5㎜角に切って茹で、吸い地八方だしで手早く炊いてザルに上げ、冷ましてから木の芽味噌で和える。花びら百合根をあしらう。

10 車エビとそら豆のかき揚げを作る。車エビは殻をむいて背ワタを取り、1㎝角に切る。そら豆は塩茹でして薄皮をむき、半分に割る。車エビとそら豆を合わせて打ち粉をまぶし、衣を加えて適量をスプーンでまとめ、高温の油に落として揚げる。

11 釜揚げうどんを作る。冷凍うどんは2分ほど茹で、茹で汁ごと器に盛る。さらしねぎとおろし生姜を添え、温めたつけつゆですすめる。

冷たいそば・うどん

五色さぬきうどん

*カラー29頁

■**材料**

さぬきうどん（生麺）…350g

●**かき揚げうどん**

車エビ（30g）程度…1尾
アボカド…1/4個
かき揚げの衣（140頁参照）…適量
大根おろし…50g
白ねぎ…1/5本
おろし生姜…少々

●**黄身おろしうどん**

大根おろし…60g
卵黄…1個分
イクラ20g
三つ葉…3本

●**湯葉とオクラのとろろうどん**

汲み上げ湯葉…50g
生ウニ…20g
オクラ…20g
わさび…少々

●**山かけうどん**

山芋…30g
マグロ…20g
オクラ…1本
針海苔・わさび…各少々

●**温度卵うどん**

温度卵…1個
なつめ…20g
三つ葉…3本
柚子…少々

◆うどん用のかけつゆ（123頁参照）…各40㎖

■**作り方**

1 さぬきうどんは表示の通り茹で、冷水で洗い、水分をきったのち用いる。

2 かき揚げうどんを作る。車エビは殻をむいて背ワタを取り、1㎝に切る。アボカドは皮をむいて1㎝角に切る。車エビとアボカドを混ぜて打ち粉をし、かき揚げ衣でかき揚げにする。器にうどん、かき揚げを盛り、大根おろし、さらしねぎ、おろし生姜を天盛りにし、かけつゆを張る。

3 黄身おろしうどんを作る。大根おろしは水分をやや強めにきり、卵黄と混ぜる。器にうどんを盛り、黄身おろしをかけ、イクラを盛り、茹でた三つ葉のみじん切りをあしらい、かけつゆを張る。

4 湯葉とオクラのとろろうどんを作る。器にうどんを盛り、汲み上げ湯葉、生ウニの順に盛り、色出ししたオクラを縦半分に切り、種を取り、包丁で刃たたきしたものを添え、わさびを天盛りにし、かけつゆを張る。

5 山かけうどんを作る。山芋は皮をむき、酢水につけてアクをとめてからすり鉢ですりおろす。マグロは2㎝角に切りて醤油で洗う。オクラはそうじをして、塩みがきして茹で、冷水に取り、5㎜幅に切る。器にうどんを盛り、おろし山芋、マグロ、オクラを順に盛り、針海苔、わさびを天盛りにし、かけつゆを張る。

6 温度卵うどんを作る。卵を69～70℃の湯に約20分つけ、温度卵を作る。なめこはザルに入れてぬめりを取り、さっと茹でる。三つ葉は葉をむしって軸を茹で、1.5㎝長さに切る。器にうどん、温度卵を盛り、なめこを散らし、三つ葉を添え、かけつゆを張ってふり柚子をする。

海鮮山かけそば

＊カラー38頁

■材　料（1人前）

茶そば（乾麺）…80g
マグロ（トロ）…30g
ボタンエビ…1尾
タイ（上身）…30g
アオリイカ（おろし身）…30g
イクラ醤油漬け…30g
生ウニ…20g
山芋…180g
温度卵（卵黄）…1個分
針海苔・大葉・わさび…各少々
◆うどん用のかけつゆ（123頁参照）…120㎖

■作り方

1 茶そばは表示の時間通り茹で、冷水に取って洗い、水分をきる。

2 マグロのトロは食べよい厚みに切る。ボタンエビは胴の部分の殻をむいて背ワタを取る。タイは皮を引いたものを用意し、そぎ切りにする。アオリイカは隠し包丁を入れ、食べよく切る。

3 山芋は皮をむき、酢水につけたのち、すり鉢ですりおろす。

4 卵は69～70℃の湯に約20分つけて水に取り、殻をむき、白身を洗う。

5 器に1のそばを盛り、おろし山芋をかけ、2の魚介を彩りよく盛り、生ウニ、イクラ醤油漬け、温度卵の卵黄をのせ、針海苔、大葉、わさびを天盛りにし、かけつゆを張る。

納豆山かけそば

＊カラー39頁

■材　料（1人前）

そば（乾麺）…70g
山芋…60g
納豆…50g
卵黄…1個分
わけぎ…2本
針海苔…少々
◆うどん用のかけつゆ（123頁参照）…100㎖

■作り方

1 そばは表示の時間通りに茹で、冷水で洗って水分をきる。

2 山芋は皮をむいて酢水につけ、水洗いしたのち、すり鉢ですりおろす。

3 納豆は包丁の刃で叩く。わけぎは小口切りにして水にさらす。

4 器にそばを盛ってかけつゆを張り、おろし山芋をかけ、卵黄、3の納豆とわけぎ、針海苔を盛る。

楽しいめん料理

貝盛りうどんグラタン

＊カラー99頁

■材　料（1人前）

茹でうどん…50g
蒸しアワビ…30g
サイマキエビ…1尾
枝豆…少々
マッシュルーム…2個
玉ねぎ（みじん切り）…適量
パルメザンチーズ…10g
バター…15g

◆ホワイトソース

バター…75g
小麦粉…75g
牛乳…1000㎖
クリームチーズ…85g
白味噌…大さじ1
塩・胡椒…少々
米…1人前70g

■作り方

1　うどんを３㎝長さに切り、バージンオリーブオイル少々をかけ、ほぐしておく。
2　蒸しアワビは1㎝各に切る。
3　サイマキエビは頭と殻を剥き、上身の背ワタを取り、１㎝幅に切る。
4　マッシュルームは２㎜厚さの小口切りにする。
5　フライパンを熱し、バターを引き、みじん切りの玉ねぎ、マッシュルーム、サイマキエビ、蒸しアワビの順にサッと炒める。
6　鍋に牛乳を沸かしておく。
7　別鍋にバターを入れ弱火で溶かし、小麦粉を加えて４～５分練り、沸かした牛乳を少しずつ加えクリーム状に練る。白味噌、クリームチーズを加えて混ぜ合わせ、よく練って、塩、胡椒で味をととのえる。
8　**7**のホワイトソースに**5**と**1**を混ぜ合わせ、アワビの貝殻に盛り、２２０℃のオーブンで15分焼き、ブロックのパルメザンチーズを振りかける。

おいしい鍋物・一品料理

山海うどんすき

＊カラー１００頁

■材　料（4人前）

冷凍うどん…６００g／生カキ…１５０g／ワタリガニ…1パイ／車エビ…4尾／ブリ（上身）…１００g／タイ（上身）…１００g／焼きアナゴ…60g／カワハギ…1枚／鶏もも肉…１００g／白菜…8枚／金時人参…1/5本／ほうれん草…1/3把／春菊…1/2把／かぶ（小）…1個／金時人参（あしらい用）…40g／えのき茸…1袋／舞茸…2/3パック／白ねぎ…2本／絹漉し豆腐…1/2丁／小餅…4個／生麩…1/2本

◆すきだし

水…10カップ／昆布…20g／ムロ節…40g／花カツオ…30g／淡口醤油…１６０㎖／酒…１６０㎖／みりん…１１０㎖

■作り方

1　すきだしを用意する。水に昆布をつけて30分～1時間おいて火にかけ、沸騰寸前に昆布を引き上げ、ムロ節を加えて2～3分煮出す。花カツオを打って布漉しし、調味料で味を調える。

2 生カキはおろし大根で洗う。ワタリガニは甲羅をはずし、食べよく包丁する。車エビは背ワタを取り、竹串に刺す、ブリとタイ、焼きアナゴはそぎ切りにする。カワハギは皮をむいて頭を落とし、食べよく切る。鶏もも肉はそぎ切りにする。

3 白菜は茹でて水に取り、水気をきって巻きすに広げる。拍子木切りにして茹でた金時人参、茹でたほうれん草の軸を芯に巻き、食べよく切る。

4 かぶは食べよく切って茹で、金時人参は紅葉型に抜いて茹でる。えのき茸と舞茸は石づきを落とす。白ねぎは斜め薄切りにする。絹漉し豆腐と生麩も食べよく切り、小餅はこんがり焼く。

5 鍋にすきだしを張り、**2**〜**4**の材料とうどんを入れて煮る。

鴨鍋そば

＊カラー102頁

■材　料（2人前）

そば（乾麺）…200g／合鴨ロース…15枚／茹で筍…100g／せり…2把／生椎茸…2枚／えのき茸…2/3袋／銀杏…10個／白ねぎ…1本／梅人参…2枚／粉山椒…少々

◆鍋だし

一番だし（132頁参照）…8カップ／濃口醤油…80㎖／淡口醤油…50㎖／みりん…110㎖／酒…120㎖／ムロ節…40g

■作り方

1 鍋だしのだしと調味料を火にかけ、煮立ったらムロ節を打って少し煮出し、布漉しする。

2 合鴨ロースは皮目に隠し包丁を入れてそぎ切りにし、皿に並べる。

3 節で筍は縦半分に切り、3㎜厚さに切る。せりは4〜5㎝長さに切る。生椎茸は飾り切りにする。えのき茸は石づきを落としてさばく。銀杏は米のとぎ汁で茹でる。白ねぎは笹切りにする。人参は梅形にむいて茹でる。

4 そばは表示通り湯がき、冷水で洗い、水分をきってせいろに盛る。

5 鍋だしを沸かして合鴨から炊き、野菜を入れて煮る。これを食べたのち、そばを温めて食べる。

甘鯛信州蒸し

＊カラー104頁

■材　料（1人前）

よもぎそば（乾麺）…60g／アマダイ…100g／おろし山芋…40g／卵白…1/2個分／焼き海苔…適量／わけぎ…2本／紅葉おろし…小さじ1／うずらの卵…1個／昆布…10g

◆かけだし（一人前200㎖）

そば用のだし（120頁参照）…5カップ／濃口醤油、淡口醤油…各50㎖／みりん…100㎖／酒…20㎖

■作り方

1 かけだしを作る。そば用のだしに醤油、みりん、酒を加えてひと煮立ちさせる。

2 アマダイは三枚におろしたものを用意し、小骨を抜いて薄塩をふり、30分ほどおいてから水洗いし、観音開きにする。

3 よもぎそばの端を輪ゴムで束ね、表示より1分ほど短めに茹で、水洗いして水分をきり、束ねた所を切る。

4 山芋は皮をむいてすり鉢ですりおろし、卵白と混ぜる。

5 バットに昆布を敷き、アマダイでよもぎそばを巻いてのせ、酒をふり、5分ほど強火で蒸したのち、おろし山芋をかけてさらに2分蒸す。山芋の上部をくぼませ、うずらの卵をのせて1分30秒蒸す。

6 **5**を温めた器に盛って、温めたかけだしを張る。斜め切りにしたわけぎ、短冊に切った海苔、紅葉おろしを添える。

そばじょうよ寄せ

＊カラー105頁

■材料（1人前）

茶そば（乾麺）…40g／アマダイ（60g）…1切れ／車エビ（30g）…1尾／オクラ…2本／なめこ…20g／わさび…少々

◆じょうよゼリー

一番だし（132頁参照）…100㎖／塩、淡口醤油…各少々／板ゼラチン…2g／おろし山芋…40g

◆かけだし

一番だし（132頁参照）…60㎖／ムロ節…ひとつまみ／濃口醤油、みりん…各10㎖／砂糖…少々

■作り方

1 茶そばは輪ゴムで束ね、表示通りに茹でて冷水で洗い、水分をきる。

2 アマダイに薄塩をして酒をふり、3～4分ほど強火で蒸し、火を通す。

3 車エビは背ワタを取り、のし串を打って塩茹でし、頭を取って殻をむき、腹開きにする。

4 オクラは塩みがきして茹でて冷水に取り、縦半分に切って種を除き、包丁で叩く。なめこは水洗いしたのち茹でる。

5 じょうよゼリーを作る。一番だしと塩、淡口醤油を火にかけ、沸いてきたら戻した板ゼラチンを入れ、火をとめて粗熱を取り、おろした山芋と混ぜる。

6 大、小のセルクルを用意し、大きいセルクルの中に小さいセルクルを組み、間に茶そばを円を描くように入れ、小さい方のセルクルをそっと外す。中心に、5のじょうよゼリーを流し込み、冷蔵庫で冷やし固める。

7 セルクルから外して器に盛り、アマダイと車エビ、オクラ、なめこ、わさびを盛り、かけだしを注ぐ。

◎覚書き

すりおろした山芋は柔らかく寄せるとそばや他の具となじみやすい。

二色そば寿司

＊カラー105頁

■材料（1人前）

●ウナギと卵のそばずし

茶そば（乾麺）…40g／引き上げ湯葉…2枚／ウナギ（たれ焼き）…1/4尾／厚焼き卵…1/4本／味つけかんぴょう…20g／三つ葉…4本

●カニと胡瓜のそばずし

そば（乾麺）…40g／焼き海苔…1枚／カニ足…3本／胡瓜…1/4本／長芋…30g

◆そば用のつけつゆ（122頁参照）…80㎖／白ねぎ…1/3本／おろしわさび…少々

■作り方

1 茶そばとそばは、それぞれ輪ゴムで先端を束ね、表示通りに茹でて水洗いし、水分をきって先端を切り落とす。

2 ウナギと卵のそばずしを作る。巻きすに湯葉を広げ、**1**の茶そばを並べ、ウナギと厚焼き卵、味つけかんぴょう、茹でた三つ葉をのせて巻き、巻き終わりに卵白をつけて糊にする。

3 カニと胡瓜のそばずしを作る。巻きすに焼き海苔をのせ、**1**のそばを並べ、カニ足、拍子木に切った胡瓜と長芋を芯にして巻く。

4 **2**のそばずしを175℃の油で3～4分ほど揚げる。

5 食べよく切って器に盛り、さらしねぎ、わさび、つけつゆを添える。

寄せそうめん

＊カラー106頁

■材料（1人前）

梅そうめん、抹茶そうめん、黄身そうめん…各1/4把／車エビ（20g程度）…1尾／酒、濃口醤油、みりん、砂糖…各適量／アナゴ（おうし身）…1/4尾／茗荷…1/6個／青じそ…1枚／ラディッシュ…1/4個

◆めんつゆゼリー
そうめん用のかけつゆ（129頁参照）…200㎖／板ゼラチン…5g
◆かけつゆ
一番だし（132頁参照）…40㎖／淡口醤油、みりん…各10㎖

■作り方
1 そうめんはそれぞれ先端を輪ゴムで束ね、やや固めに茹で、水洗いして水分をきり、束ねた所を切り落とす。
2 車エビは殻をむいて背ワタを取り、粗みじんに叩き、酒と濃口醤油、みりん、砂糖で甘めに煎り、そぼろにする。
3 アナゴは皮目に熱湯をかけて冷水に落とし、ぬめりを取り除き、酒と濃口醤油、みりん、砂糖で甘めに煮て、冷ましてから小口切りにする。
4 めんつゆゼリーを作る。かけつゆを沸かし、戻したゼラチンを加えて火をとめ、冷水にあてて冷ます。
5 流し缶に抹茶そうめん、3のアナゴ、黄身そうめん、2のエビそぼろ、梅そうめんの順に重ね、固まりかけた4のめんつゆゼリーを流し入れ、冷蔵庫で冷やし固める。
6 切り分けて器に盛り、かけつゆを注ぐ。針打ちにした青じそ、茗荷、ラディッシュをあしらう。

さっぱり葛めん

＊カラー107頁

■材料（1人前）
葛きり（乾麺）…50g／アワビ（おろし身）…40g／生ウニ…20g／じゅん菜…40g／三つ葉…4本／柚子…少々
◆八方酢
一番だし（132頁参照）…200㎖／米酢、淡口醤油、みりん…各20㎖／ムロ節…ひとつまみ

■作り方
1 八方酢を作る。一番だしと調味料を煮立せたら、ムロ節を打って漉す。
2 アワビは薄くへぎ、片栗粉をつけて湯に通し、冷水に落とす。生ウニも片栗粉をつけ、湯に通し冷水に落とす。
3 じゅん菜はさっと湯に通して冷水に取り、色出しする。
4 葛きりは表示通りに茹でて冷水で洗い、水分をきる。
5 冷やした器に葛きりを盛って八方酢を張り、アワビと生ウニ、茹でた軸三つ葉をのせ、じゅん菜を散らし、ふり柚子をする。

小田巻き蒸し

＊カラー108頁

■材料（1人前）
冷凍うどん…100g／タイ（上身）…20g／車エビ…1尾／鶏もも肉…20g／焼きアナゴ…20g／かまぼこ…1枚／生椎茸…1枚／百合根…少々／銀杏…2個／三つ葉…2本／柚子…少々
◆卵汁
だし…200㎖／卵…1個／淡口醤油…小さじ1/3／塩、みりん…各少々
◆銀あん
だし…40㎖／塩、淡口醤油、酒…各少々／水溶き片栗粉…小さじ1

■作り方
1 冷凍うどんは2分ほど茹でて水分をきる。ボールに淡口醤油大さじ1/2、だし大さじ1（以上、分量外）を混ぜ、茹でたうどんを加えて混ぜ合わせたら、ザルに上げ、汁気をきる。
2 タイはそぎ切りにし、車エビは頭と殻をむき、鶏もも肉はそぎ切りにし、それぞれ酒塩をふる。5分ほどおいたら熱湯をかけてそれぞれ霜ふりする。
3 焼きアナゴはそぎ切りにする。かまぼこは5㎜厚さのそぎ切りにする。百合根はかために茹でてザルに上げる。銀杏は米のとぎ汁で茹でる。三つ葉は2本を結ぶ。

4 器にうどんと2～3の材料を入れ、裏漉しした卵汁を注ぎ入れて蒸し上げる。

5 温めておいた銀あんを張り、糸柚子を天盛りにして供する。

うどんシューマイ

＊カラー109頁

■材　料（1人前）

うどん…70g
豚ミンチ…100g
玉ねぎ（みじん切り）…40g
生姜（みじん切り）…5g
にんにく（みじん切り）…3g
卵…1/2個
冷凍エビ…3尾
白菜…1枚
小麦粉…少々
枝豆…3粒
片栗粉…大さじ1/2
塩・胡椒…少々
酒…大さじ1
ごま油…小さじ1
◆たれ
濃口醤油…10㎖
米酢…10㎖
練り辛子…少々

■作り方

1 うどんを茹で、5㎜幅に切っておく

2 豚ミンチに塩、胡椒、酒、ごま油で下味をつけ、粘りが出るまでよく混ぜる。玉ねぎ、生姜、にんにく、溶き卵、殻を剥き背ワタを取った冷凍エビをすり身にしたものを混ぜ合わせ、30～40g大に丸くとる。

3 ラップを敷き、1を上に置いて小麦粉をふるいかける。2をのせてラップごと包み、シューマイの形にととのえ、茹でた枝豆をあしらう。

4 蒸し器に白菜の葉を敷き、3を置いて強火で約12分蒸し上げる。白菜ごと器に盛りつける。

うどんとピーナッツのキャラメル和え

＊カラー116頁

■材　料

うどん…40g
バターピーナッツ（よく乾いたもの）…10g
銀杏…2個
◆キャラメルソース
グラニュー糖…100g
生クリーム…150㎖
バター…6g
米…1人前70g

■作り方

1 うどんは茹で、1㎝幅に切って、一夜冷蔵庫に入れて水分をとばす。

2 銀杏は油で揚げ、色を出す。

3 鍋にグラニュー糖を入れ、弱火であまり焦がさないようにカラメルを作り、生クリームとバターを加え、ソースを作る。

4 1のうどんを素揚げし、バターピーナッツ、銀杏とともに3でサッと和え、器に盛る。

うどん三色かりんとう

＊カラーページ116頁

■材　料（1人前）

うどん…45g
桜エビ…少々
青のり…少々
黒ごま…少々
塩…少々

■作り方

1 うどんは茹でて2㎝長さに揃え、一夜冷蔵庫に入れて水分をとばす。

2 うどんに小麦粉、卵白をつけ、それぞれ桜エビ、青のり、黒ごまをつけて170℃の油で揚げる。塩を振り、器に盛る。

著者紹介

吉田《よしだ》　靖彦《やすひこ》

1951年兵庫県西宮生まれ。大阪・心斎橋で『鶴林よしだ』を経営。その後弟子に移譲し、姉妹店として兵庫・三田に『鶴林　美味旬菜』を出店。現在、同店経営のほか、日本のみならず海外にも料理指導を行うなど活躍中。『酢の料理大全』『和食店の人気の「ご飯料理」大全』『「和風デザート」「和風菓子」大全』（小社刊）ほか著書多数。

※本書は旭屋出版MOOK『人気の麺 めん料理』に新しい麺の料理を加え、再編集し、改題して新しく書籍化したものです。

■調理協力／「割烹 鶴林 美味旬菜」店長　吉田梢
「鶴林よしだ」店主　舛田篤史

■編　　集／永瀬正人
■撮　　影／吉田和行
■デザイン／佐藤暢美

■割烹 鶴林 美味旬菜
［住　　所］兵庫県三田市南ヶ丘1丁目22-10
西田ビル2階
TEL.079-562-1122
FAX.079-562-1122
［営業時間］昼　11：00～12：30
13：00～14：30（2部制）
夜　17：30～21：00L.O
定休日　水曜日

人気の和食「麺・めん料理」大全
そば・うどん・そうめん・創作めん料理

発行日　平成30年3月2日　初版発行

著　者　吉田《よしだ》　靖彦《やすひこ》

発行者　早嶋　茂
制作者　永瀬正人
発行所　株式会社 旭屋出版
〒107-0052
東京都港区赤坂1-7-19 キャピタル赤坂ビル8階
TEL：03-3560-9065（販売）
03-3560-9066（編集）
FAX：03-3560-9071

旭屋出版ホームページ　http://www.asahiya-jp.com
郵便振替　00150-1-19572

印刷・製本　大日本印刷株式会社

※許可なく転載、複写ならびにWeb上での使用を禁じます。
※落丁本、乱丁本はお取替えいたします。
※定価はカバーに表記してあります。

©Y.Yoshida&Asahiya shuppan,2018 Printed in Japan

ISBN978-4-7511-1319-6　C2077